BEI GRIN MACHT SICH IHR
WISSEN BEZAHLT

- Wir veröffentlichen Ihre Hausarbeit, Bachelor- und Masterarbeit

- Ihr eigenes eBook und Buch - weltweit in allen wichtigen Shops

- Verdienen Sie an jedem Verkauf

Jetzt bei www.GRIN.com hochladen
und kostenlos publizieren

GRIN ☺

Salesforce Functions. Aufbau, Anwendung und Implementierung

Till Krüger

Bibliografische Information der Deutschen Nationalbibliothek:

Die Deutsche Nationalbibliothek verzeichnet diese Publikation in der Deutschen Nationalbibliografie; detaillierte bibliografische Daten sind im Internet über http://dnb.d-nb.de abrufbar.

ISBN: 9783346864284
Dieses Buch ist auch als E-Book erhältlich.

© GRIN Publishing GmbH
Trappentreustraße 1
80339 München

Alle Rechte vorbehalten

Druck und Bindung: Books on Demand GmbH, Norderstedt Germany
Gedruckt auf säurefreiem Papier aus verantwortungsvollen Quellen

Das vorliegende Werk wurde sorgfältig erarbeitet. Dennoch übernehmen Autoren und Verlag für die Richtigkeit von Angaben, Hinweisen, Links und Ratschlägen sowie eventuelle Druckfehler keine Haftung.

Das Buch bei GRIN: https://www.grin.com/document/1351193

Salesforce Functions: Aufbau, Anwendung und Implementierung

	I	II	III	IV
Projektarbeit Nr.	☒	☐	☐	☐

vorgelegt am: _05.05.2022_

von: _Till Krüger_

DHGE Campus: _Gera_

Studienbereich: _Technik_

Studiengang: _Wirtschaftsinformatik_

Ausbildungsstätte: _Accenture Technology Solutions GmbH_

Inhaltsverzeichnis

Abbildungsverzeichnis

Tabellenverzeichnis

Abkürzungsverzeichnis

APAC	Asia-Pacific
API	Application Programming Interface (deutsch: Programmierschnittstelle)
CLI	Command Line Interface (deutsch: Befehlszeilenschnittstelle)
CPU	Central Processing Unit (deutsch: zentrale Prozessoreinheit)
CRM	Customer Relationship Management (deutsch: Kundenbeziehungsmanagement)
ERP	Enterprise Resource Planning (deutsch: Unternehmens-Ressourcen-Planung)
FaaS	Function as a Service (deutsch: Funktion als Dienst)
IaaS	Infrastructure as a Service (deutsch: Infrastruktur als Dienst)
IDE	integrated development environment (deutsch: Integrierte Entwicklungsumgebung)
JS	JavaScript
JSON	JavaScript Object Notation
LWC	Lightning Web Components (deutsch: Lightning-Web-Komponenten)
NoSQL	Not only SQL (deutsch: Nicht nur SQL)
Org	Organisation
PaaS	Platform as a Service (deutsch: Plattform als Dienst)
SaaS	Software as a Service (deutsch: Software als Dienst)
SDK	Software Development Kit
SOQL	Salesforce object Query Language (deutsch: Salesforce-Objekt Abfragesprache)
SQL	Structured Query Language (deutsch: Strukturierte Abfrage-Sprache)
TS	TypeScript
VSC	Visual Studio Code

1 Einführung

1.1 Motivation und Zielstellung der Projektarbeit

Ob Software as a Service (SaaS), Platform as a Service (PaaS), Function as a Service (FaaS) oder Infrastructure as a Service (IaaS) – Cloud-Computing-Dienste gewinnen immer mehr an Bedeutung. Mehr als 94 Prozent aller Unternehmen nutzen Cloud-Dienste in irgendeiner Form.[1] Der Cloud-Trend erfreut sich wachsender Beliebtheit und wird in naher Zukunft weiter zunehmen. Insbesondere der FaaS-Dienstleistungsmarkt ist in den letzten Jahren stetig gewachsen. Es entstehen zunehmend Anbieter, die das neuste Modell des Cloud-Computing-Dienstes bereitstellen. Auch die CRM-Plattform Salesforce hat sich dem angeschlossen und umfasst seit dem 01. August 2021 das Produkt Salesforce Functions.
Im Rahmen dieser wissenschaftlichen Arbeit wird der Frage nachgegangen, wann sich der Einsatz eines FaaS-Dienstes lohnt. Hierfür wird im Vergleich zu den von Salesforce bereitgestellten PaaS-Angeboten Heroku und Force.com die Anwendungsbereiche von Funktionen aufgezeigt. Des Weiteren werden die Cloud-Computing-Dienste IaaS, PaaS und SaaS von dem FaaS-Konzept abgegrenzt. Weitere Schwerpunkte liegen im Aufbau und der Implementierung von Salesforce Functions.
Anhand von Beispiel-Implementierungen und Vergleichen sollen die Einsatzbereiche und Abgrenzungen des FaaS-Dienstes vorgenommen werden.
Die vorliegende Arbeit ist folgendermaßen aufgebaut: Das zweite Kapitel bildet die Grundlagen für die Heroku und Salesforce Plattform. Darüber hinaus werden die Cloud-Computing-Dienste vorgestellt und im Vergleich zu dem FaaS-Konzept abgegrenzt. Im darauffolgenden Kapitel werden die theoretischen Grundlagen für die Salesforce-Funktionen geschaffen. Dafür werden die Infrastruktur, der Aufbau und weitere Eigenschaften erläutert. Zusätzlich beinhaltet das Unterkapitel 3.4 die Rechenleistung, Laufzeit und Einschränkungen von Funktionen und Apex. Dies wird anhand eines selbstgewählten Beispiels verglichen. Das Kapitel 4 zeigt, unter welchen Bedingungen Funktionen im Vergleich zu Apex und Heroku eingesetzt werden sollten. Darüber hinaus werden die Vorteile der Nutzung von Salesforce Functions anhand von Beispielen veranschaulicht. Im nächsten Kapitel wird die Implementierung der Funktionen, durch eigene Erfahrung, erklärt.

1.2 Zielgruppe

Diese wissenschaftliche Arbeit richtet sich an alle Leser/-innen, die an den Cloud-Computing-Diensten und deren Abgrenzung interessiert sind. Des Weiteren an die Entwickler/-innen, welche Interesse an dem von Salesforce bereitgestellten FaaS-Modell, sowie deren Anwendungsbereiche im Vergleich zu Heroku und Apex, haben. Ein grundlegendes Verständnis der Informatik- und Salesforcethemen API, Cloud-Computing, Objektorientierte Programmierung, Salesforce CLI und Salesforce Entwicklung sollte vorhanden sein.

---

[1] Vgl. [Fle2019], S. 14

2 Grundlagen

2.1 Salesforce.com

Salesforce.com wurde 1999 in San Francisco von Marc Benioff gegründet.[2] Es gehört zu den am schnellsten wachsenden Unternehmen weltweit und ist einer der führenden CRM-Cloud-Anbieter.[3] Unter Bezugnahme auf Kapitel 2.3 ist Salesforce.com ein SaaS Anbieter, der um das PaaS Angebot von Force.com erweitert wird.[4] Ein Merkmal von SaaS ist eine mandantenfähige Cloud-Architektur. In Salesforce verwenden beispielsweise alle Benutzer/-innen eine gemeinsame und zentral verwaltete Infrastruktur.[5] Die wichtigsten Komponenten im Salesforce-Produktportfolio sind:

- Das Hauptprodukt Salesforce ist eine CRM-Lösung für das Management von Kundenbeziehungen. Dabei ist die Plattform eine Web-basierte Lösung, wodurch keine weiteren Programme auf den lokalen Rechner heruntergeladen werden müssen.
- Force.com ist das PaaS-Angebot, wodurch es Salesforce Entwickler/-innen ermöglicht wird, eigene Web-basierte Lösungen zu schreiben und in die Salesforce Infrastruktur einzubinden. Die Plattform bietet eigene Entwicklerwerkzeuge und Programmierumgebungen an, worüber sich die Java-ähnliche Programmiersprache Apex entwickeln lässt.[4] Die Apex Entwicklung wird durch die Developer Console unterstützt, worüber Entwickler/-innen ihre Anwendungen debuggen, testen und entwickeln können. Aber auch Frontend Anwendungen können über dieses Tool programmiert werden. So gibt es beispielsweise „Visualforce" eine HTML ähnliche Auszeichnungssprache. Damit können Salesforce Seiten erstellt und angepasst werden. Des Weiteren können andere Webtechnologien wie CSS und JavaScript (JS) integriert werden. Die auf Web-Standards basierende Sprache Lightning Web Component (LWC) kann wie auch Visualforce für die Entwicklung von Komponenten genutzt werden.[6] Salesforce unterstützt auch eigene APIs, um die Anbindung von Web-Diensten zu ermöglichen. Abfragen zu der Salesforce-Organisation (Org) kann über die SQL ähnliche Datenbankabfragesprache SOQL vorgenommen werden.[7]
- Das PaaS-Angebot Heroku ist auch ein Teil der Salesforce Plattform, im Kapitel 2.2 wird auf dieses Produkt näher eingegangen.
- Ein weiterer Teil der Salesforce Plattform ist der AppExchange Marktplatz. Auf diesen können Force.com Anwendungen kostenlos oder gegen eine Gebühr erworben oder angeboten werden.[4]

2.2 Heroku

Heroku ist eine Cloud-Applikations-Plattform, die wie auch force.com zu den PaaS Diensten gehört. Sie ermöglicht die Entwicklung von Webanwendungen, ohne dabei die Hardware, Betriebssysteme, Virtualisierung und die Laufzeitumgebung verwalten zu müssen (siehe Abbildung 2). Heroku wird seit 2007 entwickelt und wurde im Jahr 2011 von Salesforce übernommen.[8] Seitdem ist Heroku ein Teil der Salesforce-Plattform. Dadurch ist es Kunden/Kundinnen möglich, in Web- und Mobile-

---

[2] Vgl. [Sal2021]
[3] Vgl. [For2021]
[4] Vgl. [BKN+11], S. 68 f
[5] Vgl. [Sal2022]
[6] Vgl. [Sal2017]
[7] Vgl. [Sal2022a], S. 3
[8] Vgl. [Her2016]

Anwendungen Salesforce Daten zu integrieren.[9] Dies ist über verschiedene Methoden möglich (siehe Tabelle 1).

Methode	Beschreibung
Heroku Connect	Heroku Connect ist eine Datensynchronisation zwischen der Heroku-Postgres relationalen Datenbank und einer Salesforce-Org.
Salesforce Plattform Events	Eine Event-Bus-Integration, die es Heroku-Anwendungen ermöglicht, Ereignisse in Salesforce zu erstellen.
Apex- und Workflow-Aufrufe	API als Heroku-Anwendung, von der Endpunkte als Apex-Workflows oder Auslöser aufgerufen werden können.
Aufruf der Salesforce REST API	Das Aufrufen der Salesforce REST API aus der Heroku App, kann genutzt werden, um Zugriff auf Daten zu bekommen oder auch um Prozesse in Salesforce zu starten.
MuleSoft	Eine Integrationsplattform als Dienst und ein Marktplatz für die Integration unterschiedlicher Unternehmenssysteme über APIs. Über die Plattform können API-Integrationen verwaltet werden und in die Heroku App integriert wer-den.

Tabelle 1: Heroku-Integrationsmethoden, Mit Änderungen entnommen aus: [Her2021]

Die Plattform unterstützt verschiedene Programmiersprachen wie Java, Node.js, Scala, Clojure, Python, PHP und Go. Heroku kann Anwendungen in diesen Sprachen erstellen, ausführen und skalieren.[10] Alle Heroku Anwendungen werden auf leichtgewichtigen Linux-Containern betrieben. Diese Container werden auch „Dynos" genannt und laufen auf sogenannten Stacks.[11] Ein Stack stellt das Grundgerüst für das Betriebssystem, die Laufzeitumgebung für die Programmiersprachen und der unterstützten Bibliotheken dar (siehe Abbildung 1).[12] Es ist ein sogenanntes Betriebssystemabbild, welches üblicherweise auf Linux Distributionen wie Ubuntu läuft. Um jedoch einen Quellcode in ein auf Stack ausführbares Paket zu entwickeln, müssen Buildpacks verwendet werden. Buildpacks sind Sätze von Skripten, die für die Kompilierung von Heroku-Anwendungen verwendet werden. Heroku unterstützt dabei unterschiedliche Skripte, welche auch als Open-Source Anwendung auf GitHub zur Verfügung gestellt werden.[13] Des Weiteren werden verschiedene Stacks zur auf der Heroku-Plattform

---

[9] Vgl. [Sal2016]
[10] Vgl. [Her2022]
[11] Vgl. [Her2020]
[12] Vgl. [Han14], S. 30 f.
[13] Vgl. [Her2021a]

angeboten, diese werden vom anbietenden Unternehmen verwaltet. Als Ersatz für die Stacks können auch Docker Container verwendet, welche vom User selbst verwaltet werden müssen.[14]

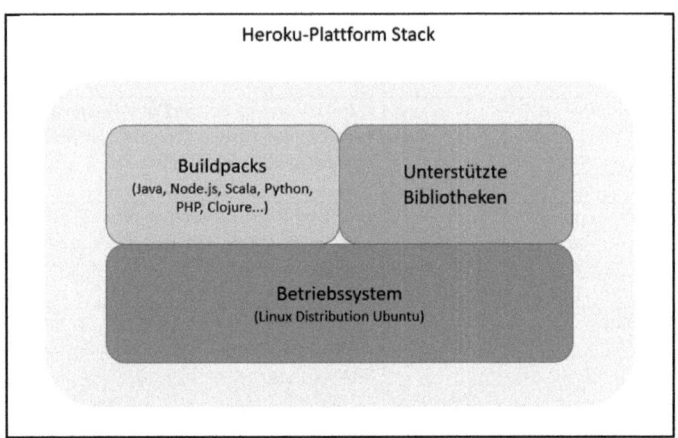

Abbildung 1: Heroku -Plattform Stack, Mit Änderungen entnommen aus: [Han14], S. 31

Die Heroku-Plattform bietet aber auch weitere Produkte an:

- Heroku Postgres ist ein von Heroku verwalteter SQL-Datenbankdienst. Die Daten können von allen Heroku unterstützten Sprachen und allen Sprachen mit PostgreSQL-Treiber abgerufen werden.[15] Es werden verschiedene Funktionen von der Cloud-Datenbank angeboten wie Forks, Dataclips, Rollbacks, Backups und Festplattenverschlüsselung. Der Support für diese Funktionen und die monatliche Betriebszeit hängen vom erworbenen Plan ab.[16]
- Heroku Redis ist eine NoSQL-Datenbank, die auf der Redis-Anwendung basiert. Die Verwaltung der In-Memory-Datenbank wird vollständig von Heroku übernommen.[17]
- Heroku Kafka ist ein Tool der Heroku-Plattform, das Datenströme als Datensätze in einem Cluster von Servern verwaltet.[18]
- Mit Heroku Connect lassen sich Salesforce Daten über eine Salesforce-Org und eine Heroku Postgres-Datenbank in einer Heroku App zur Verfügung stellen. Der Nutzende wählt die Objekte aus, die von der Salesforce-Org synchronisiert werden sollen. Heroku Connect erstellt daraufhin ein Schema für die Postgres-Datenbank.[19]
- Heroku-Elements bietet den Benutzer/-innen der Heroku-Plattform Dienste und Tools für die Erweiterung der Anwendung. Darunter zählen Add-ons, Buttons und Buildpacks.[20]

2.3 Cloud Computing

Das Ziel von Cloud Computing ist es, Webanwendungen durch Virtualisierung bereitzustellen, sodass Ressourcen unterschiedlicher Art ohne Installation im Internet genutzt werden können. Die Dienste müssen skalierbar und zuverlässig für viele Benutzer/-innen zugänglich sein. Diese Eigenschaften können durch eine mandantenfähige Architektur und ein nutzungsbasiertes Abrechnungsmodell erreicht werden. Ein Beispiel für dieses Modell wäre die Salesforce.com-Plattform, die die oben genannten

---

[14] Vgl. [Her2022a]
[15] Vgl. [Her2022b]
[16] Vgl. [Her2022c]
[17] Vgl. [Her2022d]
[18] Vgl. [Her2022e]
[19] Vgl. [Sal2017a]
[20] Vgl. [Her2016a]

Anforderungen erfüllt (siehe Abschnitt 2.1). Die Cloud-Architektur kann aus zwei Blickwinkeln betrachtet werden – aus organisatorischer oder aus technischer Sicht. Die Organisationsansicht kann in öffentliche, private und hybride Clouds unterteilt werden. Dies unterscheidet Benutzungs- und Anbietereinheiten. Andererseits geht es aus technischer Sicht eher um funktionale Eigenschaften (siehe Abschnitt 2.3.1).[21]

2.3.1 Cloud-Computing-Dienste

Die Cloud-Computing-Dienste gehören der technischen Sichtweise des Cloud-Computings an. Sie werden unterteilt in IaaS, PaaS, FaaS und SaaS.

Bei dem IaaS-Modell stellt der Anbieter ein abstrahiertes Rechenzentrum zur Verfügung. Dabei kann die Kundschaft auf die Hardware über visualisierte Server zugreifen und muss die physische Hardware nicht eigenhändig verwalten. Sie können auf dem gemieteten Server ihr Betriebssystem und die benötigte Software installieren und konfigurieren.[22] IaaS bietet von allen Cloud-Computing-Diensten den niedrigsten Abstraktionsgrad und ist somit deutlich abgrenzbar von PaaS, FaaS und SaaS (siehe Abbildung 2). Des Weiteren unterstützt die Salesforce Plattform keinen IaaS-Dienst. Aus diesem Grund wird auf das Konzept der IaaS in dieser Projektarbeit nicht weiter eingegangen.

Ein PaaS-Dienst, auch ein Cloud-Dienst, ist normalerweise eine Entwicklungs- oder Laufzeitumgebung, die zum Entwickeln, Testen und Ausführen eigener Anwendungen verwendet werden kann.[23] Salesforce Vertreter sind Force.com (siehe Abschnitt 2.1) und Heroku (siehe Abschnitt 2.2). Bei diesen PaaS-Anbietern richtet sich die Zielgruppe hauptsächlich an die Entwickler/-innen. Beide Anwendungsinfrastrukturen werden genutzt, um eigene Web-Anwendungen in der Cloud zu hosten. Dabei übernimmt der/die Käufer/-in nur die Aufgaben der Verwaltung der Anwendungen.[24] Der Anbieter übernimmt dagegen die restlichen Abstraktionsebenen (siehe Abbildung 2).

Ein weiterer Service ist SaaS, dies ist eine vom Cloud-Anbieter angebotene Nutzungsmöglichkeit zu Softwareprodukten und Anwendungsprogrammen.[24] Dieses Konzept ist direkt an den Endkunden adressiert, da die gesamte Installation der Software und erforderlichen Ressourcen vom Anbieter übernommen werden (siehe Abbildung 2). Dadurch kann die Kundschaft direkt auf die Software-Anwendung in der Cloud zugreifen, ohne davor die Software zu installieren.[25] Das SaaS-Prinzip wird für Anwendungsbereiche, wie zum Beispiel CRM und ERP genutzt. Bekannte Vertreter in diesen Bereichen sind unter anderem Salesforce und SAP mit ihren Cloudprodukten Salesforce.com und S/4HANA Cloud. Am ersten Beispiel lässt sich auch aufzeigen, dass die Cloud-Computing-Dienste auch in Kombination auftreten können. Die SaaS-Anwendung Salesforce.com wird mit den PaaS-Angeboten Force.com und Heroku erweitert.[26] Des Weiteren unterstützt Salesforce auch den Cloud-Service FaaS mit ihrem Produkt Salesforce Functions.[27]

Dieses Konzept ist zwischen PaaS und SaaS angesiedelt und bietet einen höheren Abstraktionsgrad als PaaS an (siehe Abbildung 2). Der Cloud-Dienst-Anbieter übernimmt dabei das Verwalten der Hardware, der Software und aller weiteren Ebenen, außer der Funktionen. Dadurch kann der Entwickelnde sich ausschließlich auf die Programmierung des Codes konzentrieren.[24] FaaS-Dienste sind zum Beispiel AWS Lambda, Microsoft Azure Functions und Salesforce Functions, die jeweils alle mehrere Programmiersprachen unterstützen.[28] Eine Besonderheit dieser Dienstleistung ist, dass die Laufzeit einer

---

[21] Vgl. [BKN+11], S. 27 f.
[22] Vgl. [Ste20], S. 29 f.
[23] Vgl. [BKN+11], S. 35
[24] Vgl. [Ste20], S. 27 ff.
[25] Vgl. [BKN+11], S. 37 ff.
[26] Vgl. ebenda, S. 68 f
[27] Vgl. [Sal2021a]
[28] Vgl. [Asc2022]

Funktion nur dann berechnet wird, wenn sie läuft. Bei Salesforce Functions erfolgt die Berechnung der Kosten durch die Anzahl der Funktionsaufrufe, die Laufzeit und des verwendeten Arbeitsspeichers (siehe Anlage 8). Das FaaS-Konzept hat einige Eigenschaften, die sie von den restlichen Cloud-Computing-Services unterscheidet. Darunter zählen:

- Die Server sind meist vollständig abstrahiert.[29]
- Die aufgerufenen Funktionen werden über Events angesteuert (siehe Abschnitt 3.3).
- FaaS ist oft zustandslos. Das bedeutet, dass jede Anfrage an die Funktion einzeln abgefragt werden muss, da keine Sitzungsinformationen gespeichert werden.

IaaS	PaaS	FaaS	SaaS
Funktionen	Funktionen	Funktionen	Funktionen
Anwendungen	Anwendungen	Anwendungen	Anwendungen
Laufzeit	Laufzeit	Laufzeit	Laufzeit
Betriebssystem	Betriebssystem	Betriebssystem	Betriebssystem
Virtualisierung	Virtualisierung	Virtualisierung	Virtualisierung
Hardware	Hardware	Hardware	Hardware

vom Kunden verwaltet   vom Anbieter verwaltet

Abbildung 2: Verwaltung der Abstraktionsebenen von IaaS, PaaS, FaaS und SaaS, Mit Änderungen entnommen aus: [Abh2017]

2.3.2   Abgrenzung Platform as a Service, Function as a Service und Software as a Service

Im ersten Schritt der Abgrenzung von PaaS, FaaS und SaaS werden die beiden Backend-Architekturen PaaS und FaaS miteinander verglichen. Danach wird das an den Endverbraucher gerichtete SaaS-Konzept mit einbezogen.

Die beiden an die Entwickler/-innen gerichteten Backend-Architekturen sind in gewisser Hinsicht ähnlich, jedoch gibt es auch Unterschiede. Die Hauptunterschiede liegen in der Verwaltung der Abstraktionsebenen, der Preisberechnung, der Skalierung und der Aufgaben.

Die Verwaltung der Abstraktionsebenen der beiden „Entwicklungsdiensten" PaaS und FaaS unterscheiden sich darin, dass zum Beispiel FaaS einen höheren Abstraktionsgrad als PaaS anbietet – die Verwaltung der Anwendungen muss bei PaaS vom Nutzenden übernommen werden (siehe Abbildung 2). Bei

---

[29] Vgl. [Abh2017]

FaaS konzentriert sich die Entwicklerabteilung nur auf die Programmierung der Funktionalitäten. Darüber hinaus ist es mit verschiedenen PaaS-Angeboten wie AWS Elastic Beanstalk, Heroku und Force.com vergleichsweise einfach, komplette Anwendungen zu erstellen und zu hosten. Mit Heroku sind beispielsweise Apps mit wenigen Kommandos erstellt und veröffentlicht.[30] FaaS bietet die Möglichkeit, isolierte Funktionen bereitzustellen. Im Gegensatz zu SaaS sind sowohl PaaS als auch FaaS oft vom Anbieter abhängig. Der Grund dafür ist, dass beide Modelle an die Tools und Dienste der Plattform gebunden sind. Beispiele dafür sind Force.com und Salesforce Functions. Beide Lösungen haben ohne die Verbindung mit Salesforce.com keine weiteren Migrationsbereiche.[31] Eine weitere Gemeinsamkeit der beiden Backend-Architekturen ist die Skalierbarkeit, jedoch unterscheidet sich die individuelle Skalierung voneinander. Bei FaaS passen die Funktionen sich direkt und automatisch an den benötigten Bedarf an, ohne dass die Funktionen konfiguriert werden müssen. Im Vergleich dazu müssen Anbieter der PaaS-Anwendungen die Plattform zwar so programmieren, dass der Bedarf in Abhängigkeit der Anfragen hoch- und herunterskaliert wird, jedoch ist dies keine direkte Eigenschaft von PaaS. Des Weiteren müssen die Entwickler/-innen in gewisser Weise immer eine korrekte Skalierung vorhersagen.[32] Ein Beispiel dafür wäre die Heroku Plattform, welche auf verschiedene Preismodellen aufbaut. Dabei unterstützt nur ein Teil der verschiedenen Modelle eine automatische Skalierung, wodurch entschieden werden muss, ob mehr Geld für diese Funktion ausgegeben werden soll. Die Berechnung erfolgt außerdem nach einem Preismodell, welches monatlich pro „Dyno" berechnet wird – die Frage, wie viele Dynos benötigt werden, muss die anwendende Person selbst entscheiden.[33] Im Gegensatz zu dem PaaS-Anbieter Heroku erfolgt die Berechnung von FaaS pro Aufruf, Laufzeit und Größe des benötigten Speichers (siehe Anlage 8). Ein Vorteil davon ist, dass die Funktionen nur bezahlt werden, wenn sie tatsächlich laufen. Das bedeutet, dass so lange kein Server beansprucht, bis eine Funktion aufgerufen wird. Diese Eigenschaft sorgt aber keinesfalls für eine verlängerte Startzeit der Funktion, denn meistens handelt es sich dabei nur um Millisekunden (siehe Artikel 4.3.2). Im Gegensatz zu FaaS beansprucht sowohl PaaS als auch SaaS immer mindestens einen Server.[32] Des Weiteren wird bei PaaS, wie bereits erwähnt, für ein bestimmtes Preismodell gezahlt. Es gibt beispielsweise auch Dienstleister wie Force.com, die ein Preismodell pro Benutzer/-in anbieten.

Wie bereits definiert ist SaaS ein Cloud-Anbieter, der Zugriff auf Softwareprodukte und Anwendungen bietet. Die Zielgruppe ist an den Endverbraucher gerichtet. Dadurch kann die Kundschaft direkt mit der Nutzung des Dienstes beginnen. Alle Abstraktionsebenen werden vom Anbieter übernommen und es entstehen dadurch keine weiteren Entwicklungsaufwände (siehe Abbildung 2). Wie auch die beiden anderen Modelle zeichnen sich SaaS-Anwendungen durch eine Skalierbarkeit und Hochverfügbarkeit aus. Das Preismodell unterscheidet sich jedoch von PaaS- und FaaS-Diensten, da SaaS immer auf einem benutzerbasierten Abonnementmodell aufbaut.[31] Beispielsweise berechnet Salesforce die Kosten jeden Monat pro Person, jedoch wird auch noch nach verschiedenen Modellen und Funktionalitäten unterschieden.[34]

---

[30] Vgl. [Her2022f]
[31] Vgl. [Aga2018]
[32] Vgl. [Wat2017]
[33] Vgl. [Her2020a]
[34] Vgl. [Sal2016a]

3 Salesforce Functions

3.1 Infrastruktur

Salesforce Functions ist eine FaaS-Lösung, die Salesforce am 01. August 2021 veröffentlicht hat.[35] Es ermöglicht Funktionen schneller, mit mehr Rechenleistung und ohne Salesforce-Limits zu entwickeln und auszuführen. Dabei kann nicht nur noch auf die von Salesforce zur Verfügung gestellte objektorientierte Sprache Apex zurückgegriffen werden, sondern auch auf die Industrie standardisierten Programmiersprachen und Frameworks, wie Java, JS und TypeScript. Mit Salesforce Functions muss der Programmierer keine Rücksicht auf Sicherheit, wie zum Beispiel VPNs oder Sicherheitsschlüsseln nehmen, da die Verwaltung direkt von Salesforce übernommen wird.[36,37] Die Event gesteuerten Funktionen lassen sich allerdings nicht nur über Code ansteuern, sondern auch über Low-Code Methoden wie Automationen und LWC (siehe Artikel 3.3). Salesforce Functions läuft in einem von Salesforce verwalteten Heroku-20 Stack, welcher auf einer Heroku Laufzeitumgebung läuft.[38] Die erstellten Funktionen haben eigene Test- und Produktionsbereiche, welche von der restlichen Salesforce Umgebung abgetrennt sind. Dies wird daran erkannt, dass beispielsweise Salesforce Functions nicht auf das Standard-Protokoll zurückgreift, sondern die Rechenumgebung der Funktion beim Zugriff auf das Protokoll über die Salesforce-CLI ausgewählt werden muss (siehe Tabelle 7). Des Weiteren unterscheiden sich die Salesforce-Funktionen-Limits von den Apex-Begrenzungen, worauf im Abschnitt 3.4 nochmal näher eingegangen wird. Obwohl Salesforce Functions auf einer Heroku Laufzeitumgebung läuft, ist es dennoch in der Salesforce-Plattform integriert und wird von Salesforce verwaltet. Die Infrastruktur der Rechenumgebungen von Salesforce Functions ist momentan nur in US-Regionen auffindbar, dennoch können Funktionen die Organisations-Daten von EU und APAC Regionen aufrufen.[36]

3.2 Aufbau einer Node.js Funktion

Mit der Erstellung eines Salesforce-Funktions-Projekts wird im „Functions" Ordner ein neues Verzeichnis mit dem Namen der Funktion erstellt (siehe Abbildung 3). Dabei gibt es einige wichtige Dateien, um die Funktion später konfigurieren zu können, dazu gehören:

- Die „package.json" Datei enthält Informationen über den Namen der Funktion, die Art der Datei, das Verzeichnis der „index.js" und aller Abhängigkeiten.
- Die „project.toml" Datei enthält die Funktions-Metadaten. Sie beinhaltet die ID, Beschreibung, Art und die Versionen der Funktion.
- Die „index.test.js" Datei wird genutzt, um die „index.js" zu testen.
- In der „index.js" Datei schreibt der/die Entwickler/-in den Quellcode.[39]

---

[35] Vgl. [Sal2022b]
[36] Vgl. [Sal2021a]
[37] Vgl. [Sal2021b]
[38] Vgl. [Sal2021c]
[39] Vgl. [Sal2022c]

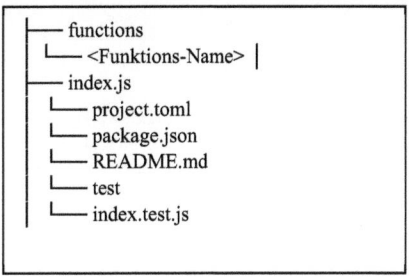

```
├── functions
│   └── <Funktions-Name> │
├── index.js
│   └── project.toml
│   └── package.json
│   └── README.md
│   └── test
│       └── index.test.js
```

Abbildung 3: Struktur einer Node.js Funktion

In der „index.js" Datei kann der Quellcode konfiguriert und dabei auf drei verschiedene Funktions-Parameter zurückgegriffen werden (siehe Tabelle 2).

Parameter	Beschreibung
event	Ein Ereignisobjekt, welches das auszulösende Ereignis beschreibt und Daten darüber beinhaltet. Dieser Parameter wird beim Ausführen der Funktion übergeben und ist auch unter dem Namen „Payload" bekannt.
context	Dieser Parameter kann auf die jeweillige SDK zugreifen und dadurch Daten in der verbundenen Salesforce-Org bearbeiten oder auslesen.
logger	Ein Parameter, um Informationen in das Salesforce-Funktions-Protokoll zu schreiben.

Tabelle 2: Beschreibung der Funktions-Parameter, Mit Änderungen entnommen aus: [Sal2022c]

Eine generierte JS- oder TS-Funktion muss immer eine asynchrone Funktion sein. Dabei definiert das „async function" [1] Schlüsselwort, dass die Funktion immer ein „Promise" Objekt zurückgibt. Der zurückgegebene Wert der Funktion kann später beim Funktionsaufruf über Apex verarbeitet werden. Im dargelegten Beispiel in Abbildung 4 wurde eine JS Funktion erstellt. Diese schreibt im ersten Schritt die als String formatierten Daten der Payload in das Salesforce-Funktions-Protokoll [2]. Danach wird eine konstante Variable „ergebnisse" definiert, welche auf die verbundene Salesforce-Org über den Parameter „context" zurückgreift. Über diesen Parameter kann über die Node.js SDK ein SOQL Query auf die Salesforce Datenbank ausgeführt werden [3]. Das „await" [4] Keyword, welches durch das Erstellen einer asynchronen Funktion bereitgestellt wird, sorgt dafür, dass auf den ausgeführten Konto-Query gewartet wird. Dadurch werden die Datensätze ID und Name des Standard-Objektes Konto aufgerufen und können dann im letzten Schritt durch die Variable zurückgegeben werden.

```
1
export default async function (event, context, logger) {
    logger.info(                                    2
      `Aufrufen der Funktion mit der Payload ${JSON.stringify(event.data)}`
    );                          3              4
    const ergebnisse = await context.org.data.query("SELECT Id, Name FROM Account");
    return ergebnisse;
}
```

Abbildung 4: Beispiel einer JS-Funktion

- 13 -

3.3   Programmiersprachen, Tools und Integration

Salesforce Functions unterstützt unterschiedliche Programmiersprachen und Frameworks wie Java, TS und JS. Dadurch können Open Source und Standard-Bibliotheken, die durch Maven und Node.js unterstützt werden, genutzt werden. Die Installation und Integrierung mit der Entwickler-Konsole in eine Funktion erfolgt in Node.js wie folgt:

1. Navigieren zum Ordner der Node.js Funktion mit der Konsole.
2. Einfügen des Kommandos „npm install <Bibliotheken Name>" in die Konsole.
3. Einfügen des Codes „import <Klassen-Name> from < Bibliotheken Name >" in die Kopfzeile des Hauptprogramms (siehe Anlage 5).

Salesforce Functions wird durch die von Salesforce bereitgestellte Salesforce CLI unterstützt, dadurch können viele Prozesse über eine frei gewählte Kommandozentrale ausgeführt werden (siehe Tabelle 7). Des Weiteren kann Salesforce Functions durch die kostenlose IDE Visual Studio Code (VSC) entwickelt, getestet und ausgeführt werden. Dies funktioniert jedoch nicht standardmäßig. Es müssen kostenlose Erweiterungen hinzugefügt werden[40].
Darüber lassen sich viele Salesforce-Befehle durch einfaches Klicken in der Befehl-spalette ausführen (siehe Abbildung 5). Der Kurzbefehl auf Windows zum Öffnen der Übersicht ist Strg +Shirt+P. Eine wei-tere Eigenschaft von Salesforce Functions ist die Ansteuerung der Funktionen über Events. Jedoch können die Funktionen nicht nur über Apex-Code aufgerufen werden. Sondern auch über Automationen [1] und Komponenten [2] in Salesforce. Über die Parameter, die im Abschnitt 3.2 bereits erklärt wurden, kann in einer Funktion die SDK aufgerufen werden. Dies ist

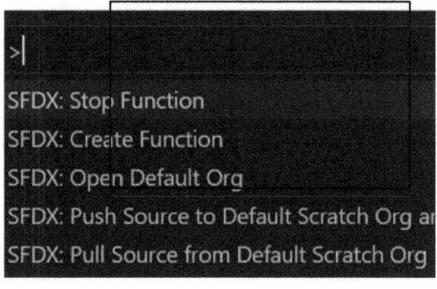

ohne weiteren Aufwand möglich, da die abgegrenzte Funktionslaufzeit sich in der Salesforce Plattform befindet (siehe Abbildung 6). Salesforce-Funktionen sind aber auch ein Teil der Heroku Plattform, da sie auf einem Heroku-20 Stack laufen und durch Buildpacks generiert werden. Dadurch können auch wie bereits im Abschnitt 2.2 beschriebene Heroku Produkte [3] in die Funktion integriert werden. Hierfür muss das Heroku Konto mit der Salesforce-Org verbunden und im nächsten Schritt die Verbindung zu einem beliebigen Heroku Daten-Produkt hergestellt werden (siehe Tabelle 7).

---

[40] Vgl. [Sal2022d]

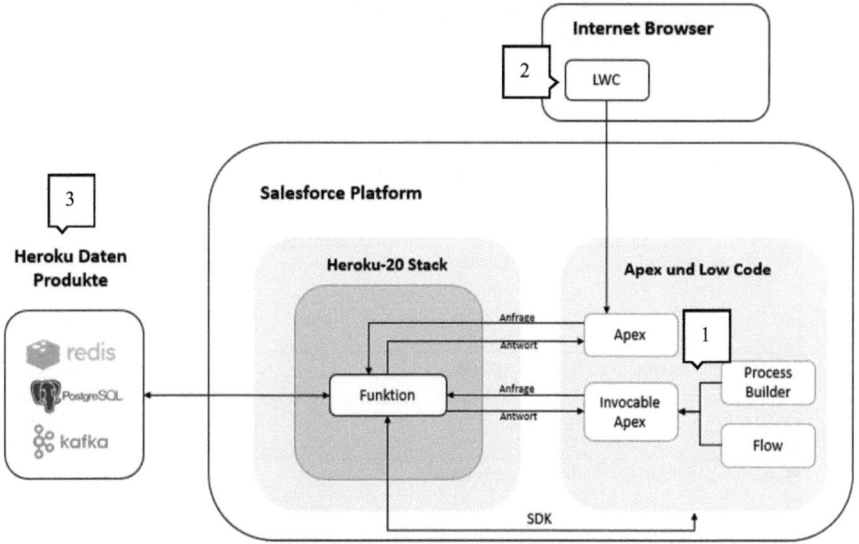

Abbildung 6: Architektur der Funktionsaufrufe, Mit Änderung entnommen aus: [Mar2021]

3.4 Rechenleistung, Laufzeit und Limits

Da Salesforce-Funktionen „außerhalb" der Salesforce-Org auf einem Heroku-20-Stack ausgeführt werden, unterliegen sie anderen Beschränkungen als Apex. Der Grund dafür ist, dass Force.com auf einer Multi-Mandanten-Architektur läuft und dadurch spezielle Limits existieren müssen.[41] Dadurch kann die CPU- und Rechenleistung mit Funktionen mehr belastet und es können rechenintensive Prozesse mit vielen Datensätzen problemlos ausgeführt werden (siehe 4.3.2).[42] Dennoch besitzen Funktionen auch Limits, welche in drei verschieden Arten unterteilt werden können – die Limits pro Funktionslizenz, asynchrone und synchrone Funktionsbeschränkungen. Für diese erste Einschränkungsart müssen zwei Bedingungen beachtet werden. Dazu ist es wichtig zu wissen, dass jede Zugriffsmethode auf die Funktions-SDK als Anfrage gezählt wird. Die maximale Anzahl pro 24 Stunden beläuft sich auf 235.000 Anfragen und kann nicht überschritten werden. Bei Erreichung dieser Grenze bricht die Funktion ab. Darüber hinaus haben Funktionen eine maximale Ausführungszeit von einer Million Aufrufen pro GB-Sekunden, die jeden Monat zurückgesetzt wird. Das bedeutet, dass ein Funktionsaufruf mit einer maximalen Speicherauslastung von einem GB eine Sekunde ausgeführt werden kann. Das Überschreiten dieser Begrenzung ist ohne Abbruch der Funktion möglich, jedoch muss automatisch mehr bezahlt werden.[43] Die Einschränkungen der asynchronen und synchronen Funktionen werden in den Tabellen 3 und 4 beschrieben. Obwohl die Funktionen die meisten Salesforce-Org-Limits umgehen kann, gibt es dennoch einige Einschränkungen, bei denen dies nicht der Fall ist. Ein Beispiel dafür ist die Begrenzung der Anzahl der langlaufenden API-Transaktionen von 25.[44]

---

[41] Vgl. [Sal2022]
[42] Vgl. [Sal2021a]
[43] Vgl. [Sal2021e]
[44] Vgl. [Sal2021f]

Beschreibung	Limit	Erklärung
Laufzeit der Funktion	15 Minuten	Asynchron aufgerufene Funktionen laufen 15 Minuten lang, bevor eine Zeitüberschreitung eintritt.
Größe der Payload	12 MB	Die Größe der Payload einer asynchron aufgerufenen Funktion kann bis zu 12 MB annehmen.
Größe der Antwort	12 MB	Die Größe der Antwort einer asynchron aufgerufenen Funktion kann bis zu 12 MB annehmen.
Gleichzeitige Funktionsaufrufe	kein Limit	Es gibt keine Limits, wie oft eine asynchrone Funktion aufgerufen werden darf.

Tabelle 3: Asynchrone Funktionslimits, Mit Änderungen entnommen aus: [Sal2021e]

Beschreibung	Limit	Erklärung
Laufzeit der Funktion	2 Minuten	Synchron aufgerufene Funktionen laufen 2 Minuten lang, bevor eine Zeitüberschreitung eintritt.
Größe der Payload	6 MB	Die Größe der Payload bei einer synchron aufgerufenen Funktion kann bis zu 12 MB annehmen.
Größe der Antwort	6 MB	Die Größe der Antwort einer synchron aufgerufenen Funktion kann bis zu 12 MB annehmen.
Gleichzeitige Funktionsaufrufe	10 langlaufende Funktionen	Bei dem synchronen Aufruf einer Funktion können nur 10 langlaufende Funktionen gleichzeitig aufgerufen werden. Das bedeutet, dass die Funktionen länger als fünf Sekunden laufen müssen.

Tabelle 4: Synchrone Funktionslimits, Mit Änderungen entnommen aus: [Sal2021e]

Um die Geschwindigkeit und Grenzen der Funktionen zu testen, wird für jede der drei Programmiersprachen eine Klasse mit einem Bubble-Sort-Algrithmus implementiert. Die von JS, Java und Apex ausgeführte Quellcodestruktur ist dabei die gleiche (siehe Anlage 1-3). Für jede Funktion sind fünf Testläufe, mit einigen Pausen zwischen den Versuchen, durchgeführt worden. Das Einbauen der Pausen erfolgt dabei, um eventuelle Abweichungen zu erfassen. Die Ergebnisse zeigen, dass die JS-Funktion beim Sortieren von 1000- und 250-Konten am effektivsten ist (siehe Tabelle 4). Die Durchschnittszeiten für die beiden Testversuche betrugen 101,2 bzw. 8,2 Millisekunden. Danach folgt die Java-Funktion, bei der es jedoch zu größeren Abweichungen kam. Die Differenz zwischen dem zweiten und fünften Versuch für 1000 Konten war fast doppelt so lang wie die Gesamtzeit für den fünften Versuch. Auch in der zweiten Testreihe hat die mit Java ausgeführte Funktion größere Abweichungen. Daraus lässt sich schlussfolgern, dass Node.js Funktionen schneller und zuverlässiger als Java-Funktionen sind. Andererseits war die Zuverlässigkeit des mit Apex ausgeführten Programmcodes überhaupt nicht vorhanden. Eine Fehlermeldung wurde dabei ausgegeben, weil die maximale CPU-Zeit von 10000 Millisekunden erreicht wurde. Da in dieser Implementierung kein schneller Sortier-Algorithmus verwendet wurde, kann die Fehlermeldung wahrscheinlich durch einen effizienteren Algorithmus umgangen werden. Der Zweck dieses Beispiels war es jedoch aufzuzeigen, dass Funktionen rechenintensive Aufgaben umsetzen können, die mit Apex nicht machbar sind. Darüber hinaus kommt auch der effizienterer in Apex implementierte Algorithmus bei großen Datenmengen an seine Grenzen. Im Vergleich dazu würden die Funktionen mit einem effizienteren Quellcode noch viel schneller und effizienter werden. Im zweiten Testversuch konnte der mit Apex ausgeführte Programmcode eine durchschnittliche Zeit von 6345 Millisekunden erreichen.

Die Schlussfolgerung dieser Implementierungen ist, dass Salesforce-Funktionen rechenintensive Aufgaben ausführen, welche von Apex nicht umgesetzt werden können. Im direkten Vergleich ist das Ergebnis, dass die JS-Funktion rund 774-mal und die Java-Funktion rund 89-mal schneller als die von Salesforce bereitgestellte Programmiersprache Apex ist.

Versuch/Programmiersprache	JS	Java	Apex
1	90	389	CPU Time Limit
2	100	391	CPU Time Limit
3	107	307	CPU Time Limit
4	119	386	CPU Time Limit
5	90	200	CPU Time Limit
Durchschnitt	101,2	334,6	-

Tabelle 5: Sortierung von 1000 Konten mit Apex, Java und JS in Millisekunden

Versuch/Programmiersprache	JS	Java	Apex
1	9	98	6275
2	6	130	6814
3	9	14	6075
4	9	99	6120
5	8	17	6441
Durchschnitt	8,2	71,6	6345

Tabelle 6: Sortierung von 250 Konten mit Apex, Java und JS in Millisekunden

4 Abgrenzung der Anwendungsgebiete von Salesforce Functions

4.1 Allgemeine Verwendungsregeln von Funktionen und Apex

Salesforce Functions ermöglicht es Programmcode schneller, automatisch skalierbar und ohne Limits mit Salesforce Daten auszuführen. Dadurch, dass Funktionen auch über Low-Code aufgerufen werden können, entstehen viele Anwendungsbereiche. Die Hauptbereiche dabei sind komplexe Kalkulationen und ressourcenintensive Automatisierungen, welche eine hohe Rechenleistung benötigen. Aber auch Batch-Prozesse, welche zu einer bestimmten Zeit laufen müssen, können mit Funktionen effizient umgesetzt werden (siehe Anlage 8). Weitere Eigenschaften und dadurch entstehende Anwendungsbereiche sind:

- Das elastische und ereignisgesteuerte Rechnen. Dadurch ist es möglich, anspruchsvolle Aufgaben wie Bild- und Dateiverarbeitung umzusetzen.
- Das Implementieren von wiederverwendbarer Backend-Logik. Beispiele dafür sind Validierungsaufgaben, Web-APIs, umfangreiche Finanzberechnungen und Analysen.
- Das Erstellen eines Backups von großen Datenmengen.
- Dateimigration, wodurch beispielsweise Dateien von LWC zu Google Drive oder Salesforce übertragen werden können.
- Das Erstellen von benutzerdefinierten KI-Lösungen.[45]

Bevor aber auf einzelne Beispiele eingegangen wird, muss die Frage geklärt werden, wann es sich generell lohnt, den Programmcode als Funktion zu implementieren. Der Hauptgrund für die Verwendung von Funktionen besteht darin, die Apex-Einschränkungen zu umgehen und dadurch Programmcode mit einer höheren Rechenleistung auszuführen. Das zuvor in Abschnitt 3.4 beschriebene Beispiel zeigt, dass Apex bereits mit der Sortierung von 1000 Konten an seine Grenzen kommt. Wenn jedoch die Rechenkapazität und die Einschränkungen in der Multi-Mandanten-Architektur ausreichen, sollte die von Salesforce bereitgestellte Programmiersprache Apex verwendet werden. Apex-Code wird in einer Transaktion umgesetzt, die eine Reihe von Vorgängen als einzelne Einheit ausführt.[46] Daher sollten Funktionen nicht genutzt werden, wenn die Quellcodelogik in der Apex-Transaktion ausgeführt werden muss. Beispiele für Transaktionsanwendungen sind Approval Workflows, Apex Triggers und Datensatzlogik für das Updaten und Erstellen. Funktionen sollten auch verwendet werden, wenn Open-Source-Bibliotheken oder Programmiersprachen wie Java und Node.js mit Salesforce integriert werden müssen (siehe Abbildung 7).

---

[45] Vgl. [Asc2022]
[46] Vgl. [Sal2022d], S. 302

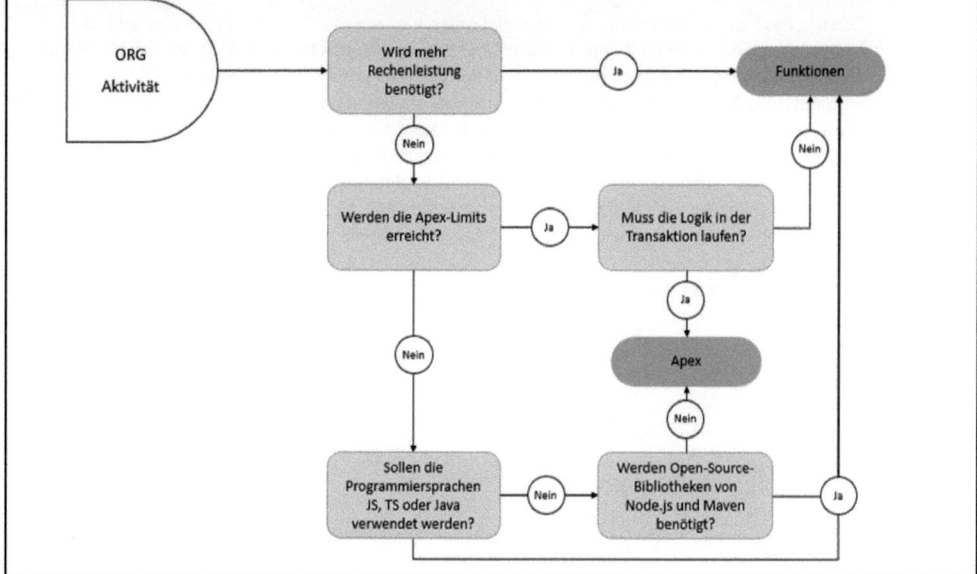

Abbildung 7: Verwendungsregeln von Funktionen und Apex, Mit Änderungen entnommen aus:
Anlage 8

4.2   Allgemeine Verwendungsregeln von Funktionen und Heroku

Heroku und Salesforce Functions haben einige Gemeinsamkeiten und Unterschiede. Der Hauptunterschied besteht in der Art des Cloud-Dienstes (siehe 2.3.2). Bei der Abgrenzung der Anwendungsgebiete der beiden Dienste sollte beachtet werden, dass der FaaS-Dienst zur Heroku-Plattform gehört. In gewisser Weise sind die Salesforce-Funktionen nur eine weitere Integrationsoption zwischen Heroku und Salesforce. Die Funktionen könnten dadurch als weitere Methode in Tabelle 1 ergänzt werden. Die Abgrenzung der Anwendungsgebiete von Salesforce-Funktionen und Heroku wird demzufolge zwischen „Heroku-Funktionen" und anderen Heroku-Integrationsmethoden unterschieden.

Eine der Hauptanwendungsbereiche der Heroku-Plattform mit Salesforce ist die Bereitstellung von Schnittstellen zu Anwendungen, die mit Open-Source-Technologie erstellt wurden. Ein Beispiel hierfür ist die Entwicklung einer Website mit Node.js, Java oder Rails. Die Webanwendung kann auf Heroku gehostet und mit Salesforce-Daten synchronisiert werden. Alternativ kann Heroku für die Erstellung von Salesforce-Benutzeroberflächen verwendet werden. Die Frontend-Sprachen wie Visualforce und Lightning Components können dabei eingebunden und mit Open-Source Technologien wie Java, Node.js und PHP integriert werden. Weitere Anwendungsbereiche für Heroku sind die Implementierungen von externen Prozessen, darunter zählen:

-   Datenwissenschaften
-   maschinelles Lernen
-   Bild- und Videoverarbeitung

Wie auch Salesforce-Funktionen kann Heroku Bilder- und Videoverarbeitung durchführen.[47] Aber wann lohnt sich der Einsatz der „Heroku-Plattform" im Vergleich zu Funktionen (siehe Abbildung 8)? Heroku kann eine sehr große Anzahl von Anfragen mit geringer Latenz verarbeiten. Da die Plattform nicht wie FaaS (siehe Anlage 8) auf einem Kosten-per-Aufruf-Modell basiert, ist die Kostenkalkulation vergleichsweise einfach.[48] Es kann beispielsweise vorkommen, dass eine ungewöhnlich große Menge neuer

---

[47] Vgl. [Sal2017a]
[48] Vgl. [Her2020a]

Daten in das Salesforce-System eingespielt und dadurch immer eine Funktion aufgerufen wird. Bei vielen Aufrufen kann es bei Funktionen zu unerwarteten hohen Kosten kommen. Wogegen bei Heroku pro Dyno bezahlt wird und dadurch der monatliche Preis genauer vorhergesagt werden kann.[49] Darüber hinaus unterstützt Heroku einige Programmiersprachen, die Salesforce Functions nicht verwenden kann. Dazu gehören Ruby, Python, PHP, Go, Scala und Clojure. Ein weiterer Grund für die Nutzung der Heroku-Plattform ist die Überschreitung der maximalen Funktionslaufzeit. Einige Prozesse für synchrone und asynchrone Funktionen erfordern eine längere Ausführungszeit (siehe Abschnitt 3.3). Ein Beispiel hierfür ist ein Prozess zum Extrahieren, Transformieren und Laden von Daten. Mit Heroku können für diese Art von Aufgaben sogenannte „Arbeiter" Dynos verwendet, welche über mehrere Stunden ausgeführt werden.[50]

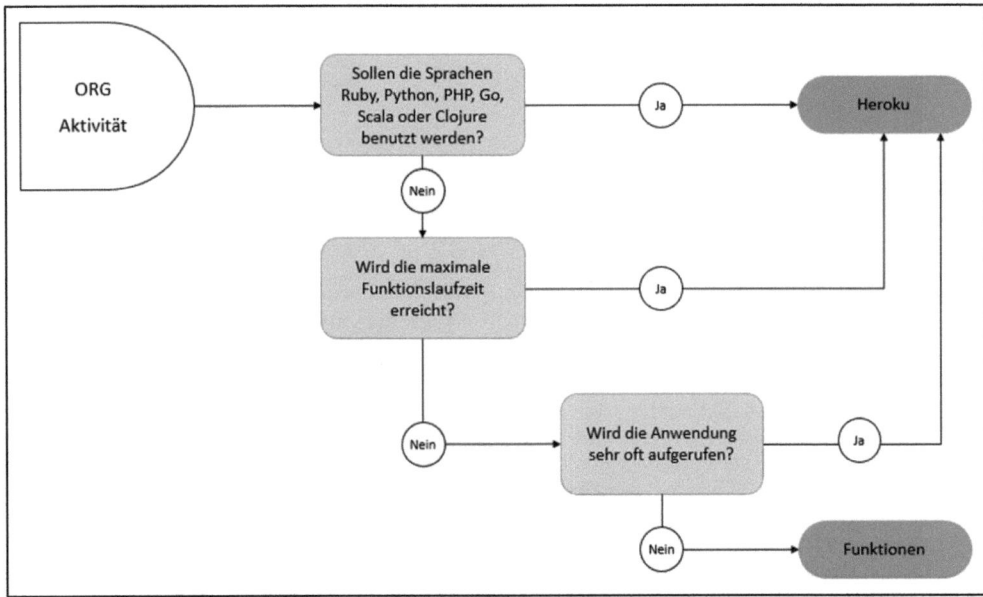

Abbildung 8: Verwendungsregeln von Funktionen und Heroku

4.3 Anwendungsbeispiele von Salesforce-Funktionen

4.3.1 Bibliotheken und Industrie standardisierte-Programmiersprachen

Salesforce Functions unterstützt verschiedene Programmiersprachen und Frameworks, dadurch können alle von Maven und Node.js unterstützten Bibliotheken in die Funktionen integriert werden (siehe Abschnitt 3.3). Ein Beispiel dafür wäre die Implementierung eines Textsuchalgorithmus. Dieser kann beispielsweise in Funktionen über eine Bibliothek schneller und einfacher eingebunden werden. In Apex dagegen können keine Open-Source-Bibliotheken verwendet werden (siehe Abbildung 7). Daher müsste ein eigener Algorithmus entwickelt werden, was wiederum viel Zeit in Anspruch nimmt und dadurch auch mit Kosten verbunden ist. Ein effizienter Volltextsuchalgorithmus für eine Node.js Funktion ist „flexsearch", dieser Algorithmus ist im Vergleich zu anderen Bibliotheken um das Vielfache schneller.[51]

---

[49] Vgl. [Her2020a]
[50] Vgl. [Sko2019]
[51] Vgl. [Wil2021]

Durch die Zugriffsmöglichkeit auf Open-Source-Sammlungen können auch bereits geschriebene Apex Klassen und Methoden durch effizientere Bibliotheken ersetzt werden. Darüber hinaus können Java- und Node.js-Entwickelnde durch die Verfügbarkeit der Industrie standardisierten-Programmiersprachen in das Salesforce-Team integriert werden. Allerdings ist hier zu beachten, dass nicht alle Salesforce-Teams eigene Java- oder Node.js-Entwickler/-innen haben. Dadurch können zusätzliche Kosten für die Weiterbildung der Angestellten bei der Entwicklung von Funktionen entstehen. Dennoch ist es durch diese Eigenschaft möglich, an einer Salesforce-Org mitzuentwickeln, ohne die Programmiersprache Apex zu beherrschen. Ein weiteres Funktionsbeispiel zum Einbinden einer Bibliothek ist eine Funktion, welche die Videos einer YouTube Playlist abfragt und sie dann in ein Salesforce-Objekt umwandelt. Das Benutzerdefinierte-Objekt besitzt dabei folgende Felder:

- Name
- Video ID
- Description
- View Count
- Like Count
- Dislike Count
- Favorite Count
- Comment Count

Bei der Implementierung des Programmcodes (siehe Anlage 5) wird wie folgt vorgegangen:

1. Die Videos werden von einer API über die „googleapis" Bibliothek in einer Variable gespeichert.
2. Im nächsten Schritt werden die Daten zugeordnet und in ein „Video" Objekt gespeichert.
3. Danach werden die Statistiken von der „googleapis" Bibliothek abgefragt und in das Video-Objekt gespeichert.
4. Durch die Video-Statistiken wird danach iteriert und es erfolgt eine Zuordnung.
5. Im nächsten Schritt wird die Node.js SDK verwendet, um eine sogenannte „Arbeitseinheit" zu erstellen.
6. Die Video-Daten werden danach zur Arbeitseinheit hinzugefügt und gemeinsam bestätigt.
7. Im letzten Schritt wird die Form des Ergebnisses an das Salesforce Objekt angepasst.

Mit Apex ist die Umsetzung dieser Funktion aus mehreren Gründen nicht möglich. Die Hauptursache ist, dass die standardmäßige Salesforce-Programmiersprache nicht auf externe Bibliotheken zugreifen kann. API-Aufrufe können mit Apex betätigt werden, jedoch sind diese durch Einschränkungen begrenzt. Dies erlaubt beispielsweise nur 100 Aufrufe pro Apex-Aktion.[52]

4.3.2   Verarbeitung von großen Datensätzen

Die Rechenleistung einer Funktion wird automatisch angepasst, wodurch sehr große Datenmengen verarbeitet werden können.[53] Wogegen der ausgeführte Programmcode auf der Multi-Mandaten-Architektur durch Rechenbeschränkungen eingegrenzt ist.[54] Daher ist die Verarbeitung einer sehr großen Datenmenge nahezu unmöglich. In Apex versuchen die Entwickler/-innen die Begrenzungsfehlermeldungen zu vermeiden, indem komplexe Prozesse sowie Bedingungen zum Abfangen von Einschränkungen implementiert werden. Ein Beispiel für einen rechenintensiven Prozess ist der Abgleich einer großen

---

[52] Vgl. [Sal2022d], S.305
[53] Vgl. [Sal2021a]
[54] Vgl. [Sal2022]

Anzahl an Datensätzen. Die Implementierung dieser Aufgabe kann in Apex nur schwer ohne Erreichen der Beschränkungen ausgeführt werden. Andererseits kann dieser Prozess mit Funktionen umgesetzt und durchgeführt werden, ohne dabei an Grenzen zu stoßen. Im folgenden Beispiel wird eine Node.js-Funktion implementiert, die aufzeigt, dass die Verarbeitung von sehr großen Datenmengen umsetzbar ist. Dazu werden die Abstände von Schulkoordinaten abgeglichen und ausgewertet. Unter „großen Datenmengen" werden in diesem Fall 6000 Datensätze interpretiert. Die gewählte Anzahl reicht dabei aus, um es nicht effizient mit Apex umsetzten zu können. Die Programmlogik der beschriebenen Implementierung (siehe Anlage 6) ist dabei wie folgt aufgebaut:

1. Die Daten für die Beispiel-Schulen werden aus einer JSON-Datei ausgelesen und in den Speicher eingefügt.
2. Im nächsten Schritt wird die übergebene Ladung validiert.
3. Danach werden alle Entfernungen der gegebenen Daten mit den Input-Daten abgeglichen und berechnet. Dafür wird die Methode zur Berechnung der Distanz aufgerufen. Die Liste wird dann von der größten bis zur kleinsten Distanz sortiert.
4. Im letzten Schritt wird das Ergebnis als JSON zurückgegeben.

Die Validierung von übergebenen und erforderlichen Werten sollte immer in Funktionen erfolgen. Dadurch kann vermieden werden, dass eine unerwartete Fehlermeldung auftritt. Außerdem erhält der Anwendende ein Feedback, wenn die Werte falsch übergeben werden. Ein weiterer Punkt ist, dass die Validierung als ein weiterer allgemeiner Anwendungsfall für Funktionen angesehen wird.[55]
Das Ausführen des Programmcodes für die JS-Funktion dauert bei 6000 Datensätzen etwa 70 Millisekunden. Bei der Umsetzung des Quellcodes mit Apex entsteht die gleiche Fehlermeldung wie bereits im Artikel 3.4 aufgezeigt.
Um zu verdeutlichen, dass die Funktion auch in einer Low-Code-Anwendung implementiert werden kann, wird die Funktion im nächsten Schritt noch über die Salesforce-Automation „Flow" integriert. Über den sogenannten Flow Screen werden die Eingabedaten abgefragt und anschließend das Ergebnis ausgegeben. Die Reihenfolge der Flow-Ereignisse (siehe Abbildung 9) sieht dabei wie folgt aus:

1. Ein „Screen" Objekt, welches genutzt wird, um den Breiten- und Längengrad abzufragen und zu speichern.
2. Das Aufrufen von Apex-Code (siehe Anlage 7), welcher die Funktion aufruft und das Ergebnis speichert.
3. Ein weitere „Screen", welcher das Ergebnis in formatierter Form ausgibt.

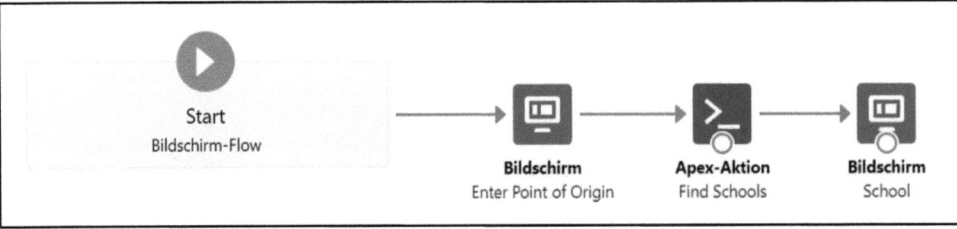

Abbildung 9: Flow zum Aufrufen einer Funktion

---

[55] Vgl. [Asc2022]

5   Implementierung von Salesforce Functions

5.1   Erstellen eines Projektes

Die Erstellung eines neuen Salesforce-Funktions-Projekts erfolgt über VSC oder der Salesforce-CLI mit dem Befehl „sf generate project -n <Projektname>". Ein neues Projekt hat dabei immer eine feste Struktur. Diese beinhaltet die Org-Metadaten, Vorlagen, Beispiel-Daten und Tests.[56] Um die Funktionen allerdings starten zu können, müssen einige Konfigurationen an der Umgebung vorgenommen werden. Als Erstes muss Salesforce Functions in der jeweiligen Org aktiviert werden, um die Verbindung zwischen der Org und den Funktionen herzustellen. Ein weiterer Punkt ist die Aktivierung der „DevHub", um Scratch-Orgs erstellen und verwalten zu können. Diese Testumgebungen werden verwendet, um Quellcode zu veröffentlichen und die Rechnerumgebung damit zu verbinden. Für die Verwendung von Funktionen braucht jeder Benutzer/-in die jeweiligen Berechtigungen. Diese sind mit der Veröffentlichung von Salesforce Functions als neue "Permissionsets" herausgekommen.[57] Nachdem die Konfiguration der Org vorgenommen wurden, kann eine Funktion erstellt und lokal getestet werden (siehe Tabelle 7).

CLI Befehl	Erklärung	Ergänzung
sf generate project -n <Projektname>	Erstellen eines neues Salesforce Functions Projekt.	„-n" steht für den Projektnamen
sf login sf login functions	Einloggen in die Salesforce DevHub oder in Salesforce Functions.	"-a" setzt einen Alias für die authentifizierte Org „-d" setzt die jeweilige Org als Standard-DevHub-Org
sfdx force:org:create -s -f config/project-scratch-def.json -a <Scratch-Org-Alias>	Erstellt eine neue Scratch-Org mit den Eigenschaften aus der Definitionsdatei „config/project-scratch-def.json".	"-s" setzt erstellte Org als Standard „-f" Verzeichnis für die Scratch-Org-Definitionsdatei „-a" setzt einen Alias für die erstellte Scrach-Org „-v" setzt Link zum DevHub
sf env create compute -o <Scratch-Org-Alias>	Erstellt eine neue Computer-Umgebung, die mit der Scratch-Org verbunden ist.	„-o" Alias von der Org, mit der die Computer-Umgebung verbunden werden soll „-a" setzt das Alias von der neu erstellten Computer-Umgebung
sf env list	Zeigt eine Liste aller verbundenen Orgs und Computer-Umgebungen.	
sf generate function -n <Funktionsname> -l <Programmiersprache>	Erstellt eine neue Funktion in der ausgewählten Programmiersprache.	„-n,, setzt den Namen der Funktion „-l" setzt die Programmiersprache

---

[56] Vgl. [Sal2022e]
[57] Vgl. [Sal2021g]

sf run function start sf run function start container	Startet die Funktion lokal im jeweiligen Verzeichnis. Mit der Container Ergänzung wird die Funktion über Docker Container gestartet.	
sf run function -l http://localhost:8080 -p 'functions/<Funktionsname>/payload.json'	Ruft die gestartete Funktion in jeweiligen Port auf und bindet die JSON Daten aus der Payload ein.	„-l" setzt den Localhost, für die gestartete Funktion „-p" setzt das Verzeichnis der Payload Datei
sf deploy functions -o <Scratch-Org-Alias>	Stellt die Funktion in der jeweiligen Scratch-Org bereit und kann dadurch mit Event aufgerufen werden.	„-o" Alias von der Scratch-Org, wo die Funktionen bereitgestellt werden sollen
sf env log tail -e <Rechenumgebung-Alias>	Zeigt das aktuelle Protokoll der jeweiligen Computer-Umgebung.	„-e" Alias von der Computer-Umgebung
sf env compute collaborator add –heroku-user <E-Mail>	Stellt eine Verbindung zwischen Salesforce-Org und dem ausgewählten Heroku Konto.	
heroku addons:attach <Postgres-Datenbank> --app <Rechenumgebung-Alias>	Verbinden eines beliebigen Heroku Daten Produktes.	In diesem Fall wird eine Verbindung zu der Beispiel Heroku Postgres Datenbank hergestellt.
sfdx update	Aktualisiert die SFDX CLI.	

Tabelle 7: Die wichtigsten Salesforce Functions CMD Befehle

5.2 Lokales Testen der Funktionen

Als die Salesforce-Funktionen veröffentlicht wurden, war die Voraussetzung, dass die Funktionen mit Docker-Containern gestartet werden müssen. Seit dem Update vom 01. März 2022 ist das lokale Testen der Funktion nicht mehr von der installierten Docker-Plattform abhängig.[58] Das Testen nutzt dabei Heroku-Buildpacks, um eine Container-Abbildung zu erstellen. Die Salesforce-Funktionen werden seit der

Aktualisierung auf dem Host-Betriebssystem erstellt und ausgeführt.[59] Dennoch können diese weiterhin von Docker-Containern gestartet werden. Die Akti-vierung zum lokalen Start der Funktion kann über das Salesforce-CLI (siehe Tabelle 1) oder über VSC erfolgen. Die Standardvariante ist das Containerlose Testen der Funktion. Einer der Gründe dafür ist das ungefähr dreimal schnellere Starten der Funktion. Die genaue Testdauer beträgt 15,13 Sekunden für die

Containerlose-Variante und 45,05 Sekunden für das

Abbildung 10: Lokales Testen der Funktion mit und ohne Docker, Quelle: [Duq2022]

---

[58] Vgl. [Sal2022b]
[59] Vgl. [Duq2022]

Testen mit Docker (siehe Abbildung 10). Um die Ladung an eine lokale Testfunktion zu übergeben, muss die „payload.json" Datei im entsprechenden Funktionsverzeichnis erstellt und das erforderliche JSON-Objekt übergeben werden. Das Aufrufen der Funktion kann über die Konsole oder VSC (siehe Abbildung 11) erfolgen. Der Befehl kann im vorherigen Abschnitt in der Tabelle 7 nachgelesen werden.

```
ons > 01_Intro_ProcessLarge
Invoke | Debug Invoke
∨ {
        "latitude" : 10
        "longitude" : 1
 }
```

Abbildung 11: Aufruf der Funktion über VSC

5.3   Bereitstellen und Aufrufen einer Funktion

Um eine Funktion in Apex und aufrufbares Apex aufrufen zu können, muss die Funktion für die jeweilige Scratch-Org bereitgestellt werden.[60] Dafür muss vorher eine Funktionsrechenumgebung erstellt werden (siehe Artikel 5.1). Um die Funktion allerdings mit den „sf deploy functions -o <Scratch-Org-Alias>" zu veröffentlichen, muss das Verzeichnis vorher mit Git übertragen werden.[61] Dafür kann, wenn Git auf dem lokalen Rechner installiert ist, folgende Kommandoabfolge verwendet werden:

- git init
- git add .
- git commit -m „<Kommentar>"

Ähnlich der lokalen Funktionstests wird beim Deployment von Funktion über Heroku-Buildpacks ein Container-Abbild erstellt (siehe Abbildung 12). Veröffentlichter Quellcode wird auf einem Heroku-20 Stack ausgeführt. Die Bereitstellung einer Funktion auf eine Scratch-Org erfolgt mit einem Heroku-Build [1]. Hierbei wird der Funktions-Quellcode und die jeweiligen Buildpacks [2], die auch von der jeweiligen Programmiersprache der Funktion abhängen, über ein sogenannten „Slug Kompiler" zusammengestellt. Das Ergebnis davon ist ein Heroku Slug [3]. Dieser ist eine komprimierte und vorverpackte Kopie der Anwendung und wird auf dem Heroku-20 Stack zur Verfügung gestellt [4].

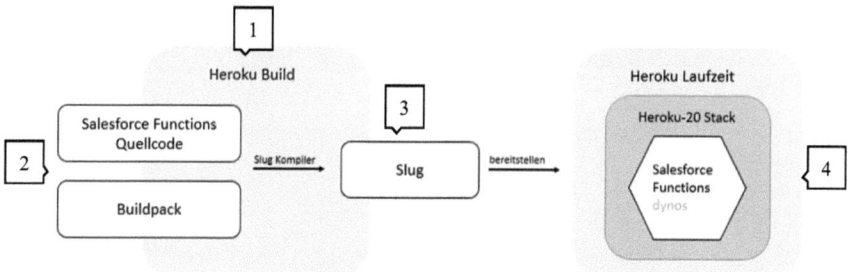

Abbildung 12: Bereitstellen von Funktionen auf einem Heroku-20 Stack, Mit Änderungen entnommen aus: [Sal2019]

Nachdem die Funktion veröffentlicht wurde, kann sie von Apex angesprochen werden (siehe Abbildung 13). Dies erfolgt über den Projektnamen und dem jeweiligen Funktionsnamen [5]. Eine Bedingung dafür ist der Ort der veröffentlichten Funktion. Auf diese kann nur aus der Org, in der sie veröffentlicht wurden, zugegriffen werden. Diese Eigenschaft entsteht, da der Zugriffsmodifikator auf „public" und nicht

---

[60] Vgl. [Sal2021b]
[61] Vgl. [Sal2022f]

„global" gesetzt ist. Außerdem wird ein Rückgabewert nach dem Auslösen der Funktion zurückgegeben. Dieser kann in einer Variable gespeichert werden [6]. Das Aufrufen von Funktionen in Apex ist auf zwei verschiedene Arten möglich – asynchrone und synchrone Funktionsaufrufe. Um eine asynchrone Funktion zu verwenden, muss neben dem Payload Parameter ein weiterer sogenannter „Callout" übergeben werden. Dieser repräsentiert eine Methode, um das Funktionsergebnis zu verarbeiten. Beispiel-Aktionen für eine Rückruf-Methode ist die Bearbeitung von Org-Daten oder das Versenden von Plattform-Events oder Benachrichtigungen. Wenn die Funktion synchron aufgerufen wird, muss nur die Payload in die Methode übergeben werden [7].

```
public with sharing class Funktion {
    public static void funktionAufrufen() {                              5
        functions.Function funktion = functions.Function.get(<Projektname>.<Funktionsname>);
        functions.FunctionInvocation aufruf = funktion.invoke('{"name":"Test"}');    7
    6  String jsonErgebnis = aufruf.getResponse();
    }
}
```

Abbildung 13: Aufruf einer Funktion mit Apex

6 Fazit

Ziel der vorliegenden Projektarbeit war es, durch die Analyse von Salesforce Functions den Aufbau, die Anwendungsbereiche und die Implementierung genauer zu beleuchten. Dazu wurde anhand eines Vergleiches der verschiedenen Cloud-Computing-Dienste Heroku, Force.com, Salesforce.com und Salesforce Functions Abgrenzung und Anwendungsbereiche aufgezeigt.

Die Ergebnisse der Vergleiche zeigen eine klare Abgrenzung zwischen IaaS-, PaaS-, FaaS- und SaaS-Diensten. Das IaaS-Modell ist dabei das komplexeste Benutzungsbereitstellungsmodell, da der Anbieter nur die Hardware-Abstraktionsebene verwaltet. Die Angebote mit den meisten Gemeinsamkeiten sind PaaS und FaaS. Beide an Entwickler/-innen gerichteten Dienste konzentrieren sich hauptsächlich auf die Programmierung der Funktionalitäten. Die Hauptunterschiede bestehen in der Verwaltung der Abstraktionsebenen, der Preisberechnung, der Skalierung und der Aufgaben. Das SaaS-Angebot richtet sich dagegen an den Endverbraucher. Dadurch kann dieses ohne weitere Entwicklung genutzt werden. Des Weiteren kann eine Erweiterung des SaaS-Angebots durch die Integration von PaaS oder FaaS stattfinden.

Aus den Untersuchungen der Struktur, Anwendung und Implementierung von Salesforce Functions zeigt sich, dass die Funktionen viele Einsatzbereiche besitzen. Allerdings gibt es dennoch Anwendungsbereiche, in denen Apex oder „Heroku" eingesetzt werden sollten. Beispielimplementierungen zeigen, dass Salesforce Functions besonders bei einzelnen rechenintensiven Aufgaben, welche die Apex-Grenzen erreichen, eingesetzt werden sollte. Darüber hinaus sind weitere Programmiersprachen und Bibliotheken über das FaaS-Modell von Salesforce zugänglich. Für Aufgaben mit geringer Rechenleistung, die Apex-Limits nicht überschreiten und in einer Transaktion ausgeführt werden müssen, sollte dennoch Apex verwendet werden. Eine weitere Erkenntnis aus der Projektarbeit ist, dass Salesforce-Funktionen nur eine weitere Möglichkeit sind, die Heroku-Plattform mit Salesforce zu integrieren. Ein Vergleich von Heroku und Salesforce Functions kann somit mehr als Unterteilung in „Heroku-Funktionen" und weitere Integrationsmöglichkeiten für Heroku mit Salesforce bezeichnet werden. Die Heroku-Plattform-Methoden sollten verwendet werden, wenn die Ausführung von synchronen Funktionen mehr als 15 Minuten und die Ausführung von asynchronen Funktionen mehr als 2 Minuten beansprucht. Außerdem sollte bei sehr großen Aufrufzahlen auf den PaaS-Anbieter zurückgegriffen werden. Der Grund dafür ist, dass Heroku im Gegensatz zu Funktionen nicht pro Aufruf bezahlt wird und somit besser kalkuliert werden kann. Bei Salesforce Functions kann dies zu überraschend hohen Kosten führen.

Das Deployment und Testen der Salesforce-Funktionen zeigte, dass die lokale Testvariante ohne Docker-Container etwa dreimal schneller ist.

Literaturverzeichnis

[Abh2017]   Abhishek, G.: *What Is Function-as-a-Service (FaaS)?* Abgerufen am 2022. 04 14 von: https://thecustomizewindows.com/2017/05/function-service-faas/, 2017

[Aga2018]   Agarwal, V.: *Serverless and PaaS, FaaS, SaaS: Same, Similar or Not Even Close?* Abgerufen am 2022. 04 20 von: https://www.xtivia.com/blog/compare-faas-paas-saas/, 2018

[Asc2022]   Ascendix: *Salesforce Evergreen: All You Need to Know about the Salesforce Functions* Abgerufen am 2022. 04 24 von: https://ascendix.com/blog/salesforce-evergreen-program/, 2022

[BKN+11]   Baun, C., u. a.: *Cloud Computing: Web-basierte dynamische IT-Services (Informatik im Fokus)*, Springer, Karlsruhe, 2011

[Duq2021]   Duque, J.: *Getting Started with Salesforce Functions Locally. No license required!* Abgerufen am 2022. 04 25 von: https://developer.salesforce.com/blogs/2021/11/getting-started-with-salesforce-functions-locally-no-license-required, 2021

[Duq2021a]   Duque, J.: *Deliver Scalable Experiences Without Limits Using Functions* Abgerufen am 2022. 04 25 von: https://developer.salesforce.com/blogs/2021/06/functions-announcement, 2021

[Duq2022]   Duque, J.: *Develop Functions Faster with Containerless Local Development* Abgerufen am 2022. 04 26 von: https://developer.salesforce.com/blogs/2022/02/develop-functions-faster-with-containerless-local-development, 2022

[Fle2019]   Flexera: *As Cloud Use Grows, Organizations Focus on Cloud Costs and Governance* Abgerufen am 2022. 05 02 von: https://resources.flexera.com/web/media/documents/rightscale-2019-state-of-the-cloud-report-from-flexera.pdf, 2019

[For2021]   Fortune: *Salesforce* Abgerufen am 2022. 04 08 von: https://fortune.com/company/salesforce-com/100-fastest-growing-companies/, 2021

[Han14]   Hanjura, A.: *Heroku Cloud Application Development*, Packt Publishing, 2014

[Her2016]   Heroku: *About Heroku | Heroku* Abgerufen am 2022. 04 02 von: https://www.heroku.com/about, 2016

[Her2016a]   Heroku: *About Heroku Elements | Heroku* Abgerufen am 2022. 04 08 von: https://www.heroku.com/elements, 2016

[Her2020]   Heroku: *Dynos and the Dyno Manager | Heroku Dev Center* Abgerufen am 2022. 04 14 von: https://devcenter.heroku.com/articles/dynos, 2020

[Her2020a]   Heroku: *Pricing | Heroku* Abgerufen am 2022. 04 20 von: https://www.heroku.com/pricing, 2020

[Her2021]   Heroku: *Integrating Heroku and the Salesforce Platform Overview | Heroku Dev Center* Abgerufen am 2022. 04 09 von: https://devcenter.heroku.com/articles/integrating-heroku-and-salesforce, 2021

[Her2021a]   Heroku: *Buildpacks | Heroku Dev Center* Abgerufen am 2022. 04 14 von: https://devcenter.heroku.com/articles/buildpacks, 2021

[Her2022]   Heroku: *Heroku Dev Center* Abgerufen am 2022. 04 02 von: https://devcenter.heroku.com/, 2022

[Her2022a]   Heroku: *Stacks | Heroku Dev* Center Abgerufen am 2022. 04 02 von: https://devcenter.heroku.com/articles/stack, 2022

[Her2022b]   Heroku: *Heroku Postgres | Heroku Dev* Center Abgerufen am 2022. 04 09 von: https://devcenter.heroku.com/articles/heroku-postgresql, 2022

[Her2022c]   Heroku: *Choosing the Right Heroku Postgres Plan | Heroku Dev Center* Abgerufen am 2022. 04 09 von: https://devcenter.heroku.com/articles/heroku-postgres-plans

[Her2022d]   Heroku: *Heroku Redis | Heroku Dev Center* Abgerufen am 2022. 04 09 von: https://devcenter.heroku.com/articles/heroku-redis, 2022

[Her2022e]   Heroku: *Apache Kafka on Heroku | Heroku Dev Center* Abgerufen am 2022. 04 09 von: https://devcenter.heroku.com/articles/kafka-on-heroku, 2022

[Her2022f]   Heroku: *Getting Started on Heroku with Node.js | Heroku Dev Center* Abgerufen am: 2022. 04 22 von: https://devcenter.heroku.com/articles/getting-started-with-nodejs, 2022

[Mar2021]   Marino, C.: *Salesforce Functions is Generally Available* Abgerufen am 2022. 04 18 von: https://developer.salesforce.com/blogs/2021/10/salesforce-functions-is-generally-available, 2021

[Sal2016]   Salesforce: *Heroku Enterprise Basics - Trailhead* Abgerufen am 2022. 04 02 von: https://trailhead.salesforce.com/content/learn/modules/heroku_enterprise_baiscs/hello_heroku, 2016

[Sal2016a]   Salesforce: *Salesforce Pricing: See Pricing Plans for All Salesforce Products* Abgerufen am 2022. 04 20 von: https://www.salesforce.com/editions-pricing/overview/, 2016

[Sal2017]   Salesforce: *Platform Development Basics - Trailhead* Abgerufen am 2022. 03 27 von: https://trailhead.salesforce.com/en/content/learn/modules/platform_dev_basics/platform_dev_basics_code, 2017

[Sal2017a]   Salesforce: *Salesforce- & Heroku-Integration - Trailhead* Abgerufen am 2022. 04 29 von: https://trailhead.salesforce.com/de/content/learn/modules/salesforce_heroku_integration/getting_started_with_integration, 2017

[Sal2019]   Salesforce *Platform: Heroku Basics: Buildpacks* Abgerufen am 2022. 04 23 von: https://www.youtube.com/watch?v=Uyz8iLALGHA, 2019

[Sal2021]   Salesforce: *The History of Salesforce* Abgerufen am 2022. 04 08 von: https://www.salesforce.com/news/stories/the-history-of-salesforce/, 2021

[Sal2021a]   Salesforce: *Overview and Architecture | Salesforce Functions | Salesforce Developers* Abgerufen am 2022. 04 23 von: https://developer.salesforce.com/docs/platform/functions/guide/overview.html, 2021

[Sal2021b]   Salesforce: *Deploy Functions | Salesforce Functions | Salesforce Developers* Abgerufen am 2022. 04 24 von: https://developer.salesforce.com/docs/platform/functions/guide/deploy.html, 2021

[Sal2021c]   Salesforce: *Develop a Function | Salesforce Functions | Salesforce Developers* Abgerufen am 2022. 04 24 von: https://developer.salesforce.com/docs/platform/functions/guide/develop.html, 2021

[Sal2021d]   Salesforce: *Set Up Your Dev Environment | Salesforce Functions | Salesforce Developers* Abgerufen am 2022. 04 23 von: https://developer.salesforce.com/docs/platform/functions/guide/set-up.html, 2021

[Sal2021e]   Salesforce: *Understand Functions Limits | Salesforce Functions | Salesforce Developers* Abgerufen am 2022. 04 23 von: https://developer.salesforce.com/docs/platform/functions/guide/limits.html, 2021

[Sal2021f]   Salesforce: *Learn Functions Patterns and Best Practices | Salesforce Functions | Salesforce Developers* Abgerufen am 2022. 04 23 von: https://developer.salesforce.com/docs/platform/functions/guide/patterns-and-practices.html, 2021

[Sal2021g]   Salesforce: *Configure Your Salesforce Org | Salesforce Functions | Salesforce Developers* Abgerufen am 2022. 04 23 von: https://developer.salesforce.com/docs/platform/functions/guide/configure_your_org.html, 2021

[Sal2022]   Salesforce: *Was ist SaaS? Grundlegendes zu „Software as a Service"* Abgerufen am 2022. 04 08 von: https://www.salesforce.com/de/learning-centre/tech/saas/, 2022

[Sal2022a]   Salesforce: *SOQL and SOSL Reference* Abgerufen am 2022. 03 17 von: https://resources.docs.salesforce.com/236/latest/en-us/sfdc/pdf/salesforce_soql_sosl.pdf, 2022

[Sal2022b]   Salesforce: *Release Notes | Salesforce Functions | Salesforce Developers* Abgerufen am 2022. 04 23 von: https://developer.salesforce.com/docs/platform/functions/guide/release-notes-intro.html, 2022

[Sal2022c]   Salesforce: *Create a Function | Salesforce Functions | Salesforce Developers* Abgerufen am 2022. 04 23 von: https://developer.salesforce.com/docs/platform/functions/guide/create-function.html, 2022

[Sal2022d]   Salesforce: *Apex Developer Guide* Abgerufen am 2022. 04 21 von: https://resources.docs.salesforce.com/236/latest/en-us/sfdc/pdf/salesforce_apex_developer_guide.pdf, 2022

[Sal2022e]   Salesforce: *Create a Salesforce DX Project | Salesforce Functions | Salesforce Developers* Abgerufen am 2022. 04 23 von: https://developer.salesforce.com/docs/platform/functions/guide/create-dx-project.html, 2022

[Sal2022f]   Salesforce: *Deploy a Function | Salesforce Functions | Salesforce Developers* Abgerufen am 2022. 04 25 von: https://developer.salesforce.com/docs/platform/functions/guide/deploy-function.html, 2022

[Sko2019]   Skowronski, J.: *PaaS versus Serverless: Which to choose in 2019?* Abgerufen am 2022. 04 29 von: https://dev.to/heroku/paas-versus-serverless-which-to-choose-in-2019-5fep, 2019

[Ste20]   Stender, D.: *Cloud-Infrastrukturen: Das Handbuch für DevOps-Teams und Administratoren*, Rheinwerk Verlag, Bonn, 2020

[Wat2017]   Watson, M.: *What Is Function-as-a-Service? Serverless Architectures Are Here!* Abgerufen am 2022. 04 15 von: https://stackify.com/function-as-a-service-serverless-architecture/, 2017

[Wil2021]   Wilkerling, T.: *GitHub - nextapps-de/flexsearch: Next-Generation full text search library for Browser and Node.js* Abgerufen am 2022. 04 21 von: https://github.com/nextapps-de/flexsearch, 2021

Anlageverzeichnis

Anlage 1: Bubble-Sort-Algorithmus in JS

```
/**
 *    llowing parameters are pre-configured and provided to your function on execution:
 * @param event: represents the data associated with the occurrence of an event, and
 *              supporting metadata about the source of that occurrence.
 * @param context: represents the connection to Functions and your Salesforce org.
 * @param logger: logging handler used to capture application logs and trace specifically
 *              to a given execution of a function.
 */

export default async function (event, context, logger) {
    logger.info(`Invoking Function1js with payload ${JSON.stringify(event.data || {})}`);

    const query = `SELECT Id, Name FROM Account LIMIT ${event.data.size}`;
    logger.info(query);
    const results = await context.org.dataApi.query(query).records;

    logger.info(JSON.stringify(results));
    return JSON.stringify(this.sortItems(results));
}
function sortItems(array) {
    const tsStart = Date.now();
    for (let i = 0; i < array.length; i++) {
        for (let j = 1; j < (array.length - i); j++) {
            if (this.isBigger(array[j - 1].fields.name, array[j].fields.name)) {
                let temp = array[j - 1];
                array[j - 1] = array[j];
                array[j] = temp;
            }
        }
    }
    return {sortingTimeMs : Date.now() - tsStart,
            numOfAccounts : array.length,
            sortedAccNames: array};
}


function isBigger(s1, s2) {
    return s1 > s2;
}
```

Anlage 2: Bubble-Sort-Algorithmus in Java

```
package com.example;

import com.salesforce.functions.jvm.sdk.Context;
import com.salesforce.functions.jvm.sdk.InvocationEvent;
```

```java
import com.salesforce.functions.jvm.sdk.SalesforceFunction;
import com.salesforce.functions.jvm.sdk.data.Record;
import org.slf4j.Logger;
import org.slf4j.LoggerFactory;
import java.util.List;
import java.util.ArrayList;

/**
 * Describe Function1javaFunction here.
 */
public class Function1javaFunction implements SalesforceFunction<FunctionInput, FunctionOutput> {
  private static final Logger LOGGER = LoggerFactory.getLogger(Function1javaFunction.class);

  @Override
  public FunctionOutput apply(InvocationEvent<FunctionInput> event, Context context) throws Exception
  {
    Record accTmp;
    ArrayList<String> sortedAccNames = new ArrayList<String>();
    int size = event.getData().getSize();
    String query = "SELECT Id, Name FROM Account LIMIT " + size;

    List<Record> accs = context.getOrg().get().getDataApi().query(query).getRecords();

    long startDt = System.currentTimeMillis();
    for (int i = 0; i < accs.size(); i++) {
      for (int j = 1; j < (accs.size() - i); j++) {
        if (this.isBigger(accs.get(j - 1).getStringField("Name").get(), accs.get(j).getString-
Field("Name").get())) {
          accTmp = accs.get(j - 1);
          accs.set(j - 1, accs.get(j));
          accs.set(j, accTmp);
        }
      }
    }
    long sTimeMs = System.currentTimeMillis() - startDt;

    for(Record r : accs) {
      sortedAccNames.add(r.getStringField("Name").get());
    }

    LOGGER.info(accs.toString());

    return new FunctionOutput(sTimeMs, accs.size(), sortedAccNames);
  }

  // s1 < s2, then result < 0
  // s1 > s2, then result > 0
  private boolean isBigger(String s1, String s2) {
```

```
    return s1.compareTo(s2) > 0;
  }
}
```

Anlage 3: Bubble-Sort-Algorithmus in Apex

```
public with sharing class BubbleSortDemo {
  private Long timeOfSortMs;
  private String[] accNamesSorted;

  public BubbleSortDemo() {
    this.timeOfSortMs = 0;
    this.accNamesSorted = new List<String>();
  }

  public void sortAllAccounts(Integer sz) {
    Account[] accs = [SELECT Id, Name FROM Account LIMIT :sz];
    Account accTmp;

    Long dt_start = System.currentTimeMillis();
    for (Integer i = 0; i < accs.size(); i++) {
      for (Integer j = 1; j < (accs.size() - i); j++) {
        if(isBigger(accs[j - 1].Name, accs[j].Name)) {
          accTmp = accs[j - 1];
          accs[j - 1] = accs[j];
          accs[j] = accTmp;
        }
      }
    }
    this.timeOfSortMs = System.currentTimeMillis() - dt_start;

    for (Account a : accs) {
      this.accNamesSorted.add(a.Name);
    }
  }

  public Long getTimeOfSortMs() {
    return this.timeOfSortMs;
  }

  public List<String> getAccNamesSorted() {
    return this.accNamesSorted;
  }

  private boolean isBigger(String s1, String s2) {
    return s1.compareTo(s2) > 0;
  }
}
```

Anlage 4: Bubble-Sort-Algorithmus Starter in Apex

```
public with sharing class LauncherDemo {
  private final Integer size;
  public LauncherDemo(Integer sz) {
    this.size = sz;
  }
  public void launchApex() {
    BubbleSortDemo apexDemo = new BubbleSortDemo();
    try {
      apexDemo.sortAllAccounts(this.size);
    } catch (LimitException le) {
      System.debug(le);
    }
    System.debug('Apex: ' + apexDemo.getTimeOfSortMs() + 'ms, array size: ' + apexDemo.getAc-
cNamesSorted().size());
    System.debug('Apex sorted arr: : ' + apexDemo.getAccNamesSorted());
  }

  public void launchJava() {
    functions.Function accountFunction = func-tions.Function.get('FunctionTest1.function1java');
    functions.FunctionInvocation invocation = accountFunction.invoke('{"size": ' + this.size + '}');
    FunctionOutput result = (FunctionOutput)JSON.deserialize(invocation.getResponse(), FunctionOut-
put.class);
    System.debug('Java: ' + result.sortingTimeMs + 'ms, array size: ' + result.numOfAccounts);
    System.debug('Java sorted arr: ' + result.sortedAccNames);
  }

  public void launchJS() {
    functions.Function accountFunction = functions.Function.get('FunctionTest1.function1js');
    functions.FunctionInvocation invocation = accountFunction.invoke('{"size": ' + this.size + '}');
    FunctionOutput result = (FunctionOutput)JSON.deserialize(invocation.getResponse(), FunctionOut-
put.class);
    System.debug('JS: ' + result.sortingTimeMs + 'ms, array size: ' + result.numOfAccounts);
    System.debug('JS sorted arr: ' + result.sortedAccNames);
  }

  public void launch() {
    launchApex() ;
    launchJava();
    launchJS();
  }
  public class FunctionOutput{
    public final Long sortingTimeMs;
    public final Integer numOfAccounts;
    public final List<String> sortedAccNames;
  }
}
```

Anlage 5: Beispiel für das Einbinden einer YouTube Bibliothek mit JS, Quelle: [Duq2021]

```
import { google } from "googleapis";
const youtube = google.youtube({
  version: "v3",
  auth: process.env.YOUTUBE_API_KEY
});

/**
 * YouTubeStats Function
 * This function receives a playlist id, retrieves its videos, and store each video statistics in Salesforce
 *
 * The exported method is the entry point for your code when the function is invoked.
 *
 * Following parameters are pre-configured and provided to your function on execution:
 * @param event: represents the data associated with the occurrence of an event, and
 *          supporting metadata about the source of that occurrence.
 * @param context: represents the connection to Functions and your Salesforce org.
 * @param logger: logging handler used to capture application logs and trace specifically
 *          to a given execution of a function.
 */
export default async function (event, context, logger) {
  logger.info(
    `Invoking YouTubeStats with payload ${JSON.stringify(event.data || {})}`
  );

  const playlistId = event.data.playlistId;

  if (!playlistId) {
    throw new Error("Missing playlistId parameter");
  }

  // 1. Retrieves the videos from a playlis using the googleapis library
  logger.info(`Retrieving PlaylistItems with ID = ${playlistId}`);
  const { data: playlistItems } = await youtube.playlistItems.list({
    part: "contentDetails,snippet",
    playlistId
  });

  // 2. Creates a list with video objects containing: title, description, and videoId
  const videos = playlistItems.items.map((video) => {
    return {
      videoId: video.contentDetails.videoId,
      title: video.snippet.title,
      description: video.snippet.description
    };
  });
```

```
// 3. Retrieves the video statistics from every video using the googleapis library
logger.info(`Getting Video Stats`);
const { data: videoStats } = await youtube.videos.list({
  part: "statistics",
  id: videos.map((video) => video.videoId).join(",")
});

// 4. Maps the statistics to the list of video objects
const stats = {};
for (const stat of videoStats.items) {
  stats[stat.id] = stat.statistics;
}

// Creating a table to store the referenceId by Video ID
const referenceTable = new Map();

// 5. Uses the Unit of Work pattern to register the creation of each Video object into Salesforce
const uow = context.org.dataApi.newUnitOfWork();

for (const v of videos) {
  logger.info(`Creating Video with ID: ${v.videoId}`);
  const referenceId = uow.registerCreate({
    type: "Video__c",
    fields: {
      Video_ID__c: v.videoId,
      Name: v.title,
      Description__c: v.description,
      View_Count__c: stats[v.videoId].viewCount,
      Like_Count__c: stats[v.videoId].likeCount,
      Dislike_Count__c: stats[v.videoId].dislikeCount,
      Favorite_Count__c: stats[v.videoId].favoriteCount,
      Comment_Count__c: stats[v.videoId].commentCount
    }
  });
  referenceTable.set(v.videoId, referenceId);
}

// 6. Commits the Unit of Work as one single operation
const response = await context.org.dataApi.commitUnitOfWork(uow);

// 7. Maps the result containing the Salesforce id and the videoId
const results = [];
for (const [videoId, referenceId] of referenceTable.entries()) {
  const result = {
    id: response.get(referenceId).id,
    videoId
  };
```

```
    results.push(result);
  }

  return results;
}
```

Anlage 6: Beispiel für die Verarbeitung von großen Datenmengen mit JS, Mit Änderungen entnommen aus: [Duq2021a]

```js
import { readFileSync } from "fs";

// Local Schools Database API by Code.org
// License: CC BY-NC-SA 4.0
// Url: https://code.org/learn/find-school/json
// Read Schools JSON Database into memory
const schoolsData = JSON.parse(
  readFileSync(new URL("./data/schools.json", import.meta.url))
);

/**
 * From a large JSON payload calculates the distance between a supplied
 * point of origin cordinate and the data, sorts it, and returns the nearest x results.
 *
 * The exported method is the entry point for your code when the function is invoked.
 *
 * Following parameters are pre-configured and provided to your function on execution:
 * @param event: represents the data associated with the occurrence of an event, and
 *               supporting metadata about the source of that occurrence.
 * @param context: represents the connection to Functions and your Salesforce org.
 * @param logger: logging handler used to capture application logs and trace specifically
 *               to a given execution of a function.
 */
export default async function (event, context, logger) {
  let start = clock();
  const data = event.data || {};
  logger.info(
    `Invoking processlargedatajs Function with payload ${JSON.stringify(data)}`
  );


  // validate the payload params
  if (!data.latitude || !data.longitude) {
    throw new Error(`Please provide latitude and longitude`);
  }

  // Sets 5 if length is not provided, also accepts length = 0
  const length = data.length ?? 5;

  // Iterate through the schools in the file and calculate the distance using the distance function below
  const schools = schoolsData.schools
    .map((school) => {
      return Object.assign({}, school, {
        distance: distance(
          data.latitude,
          data.longitude,
```

```javascript
        school.latitude,
        school.longitude
      )
    });
  })
  // Sort schools by distance distance from the provided location
  .sort((a, b) => parseFloat(a.distance) - parseFloat(b.distance));

  // Assign the nearest x schools to the results constant based on the length property provided in the payload
  const results = schools.slice(0, length);
  logger.info(clock(start));
  // return the results
  return { schools: results };
}

/**
 * Calculate distance between two geographical points
 *
 * @param {string} latitudeSt:  represents the latitude of the origin point
 * @param {string} longitudeSt:  represents the longitude of the origin point
 * @param {string} latitudeSch:  represents the latitude of the school
 * @param {string} longitudeSch:  represents the longitude of the school
 * ....
 * @returns {number} distance between point a and b
 */
function distance(latitudeSt, longitudeSt, latitudeSch, longitudeSch) {
  if (latitudeSt === latitudeSch && longitudeSt === longitudeSch) {
    return 0;
  } else {
    const radLatitudeSf = (Math.PI * latitudeSt) / 180;
    const radLatitudeSch = (Math.PI * latitudeSch) / 180;
    const theta = longitudeSt - longitudeSch;
    const radTheta = (Math.PI * theta) / 180;
    let dist =
      Math.sin(radLatitudeSf) * Math.sin(radLatitudeSch) +
      Math.cos(radLatitudeSf) * Math.cos(radLatitudeSch) * Math.cos(radTheta);
    if (dist > 1) {
      dist = 1;
    }
    dist = Math.acos(dist);
    dist = (dist * 180) / Math.PI;
    dist = dist * 60 * 1.1515;
    return dist;
  }
}

function clock(start) {
  if ( !start ) return process.hrtime();
```

```
var end = process.hrtime(start);
var duration = Math.round((end[0]*1000) + (end[1]/1000000));
return "Function took "+duration+"ms";
}
```

Anlage 7: Apex Klasse zum Aufrufen der großen Datenmengen Funktion, Mit Änderungen entnommen aus: [Duq2021a]

```
public with sharing class InvokeProcessLargeDataFunctionFlow {
  @InvocableMethod(label='Find Schools')
  public static List<School> findSchools(List<Input> input) {
    Input payload = input.get(0);
    // Get a Reference of the ProcessLargeData Function
    functions.Function fn = functions.Function.get(
      'functions_recipes.processlargedatajs'
    );
    // Invoke the ProcessLargeData Function
    functions.FunctionInvocation invocation = fn.invoke(
      JSON.serialize(payload)
    );

    // Check if there is any error during the invocation
    if (invocation.getStatus() == functions.FunctionInvocationStatus.ERROR) {
      throw new CalloutException(
        (invocation.getError() != null
          ? invocation.getError().getMessage()
          : 'UNKNOWN')
      );
    }

    String response = invocation.getResponse();
    // Serialize the Response into an Object
    Output output = (Output) JSON.deserialize(response, Output.class);
    return output.schools;
  }

  public class Input {
    @InvocableVariable
    public String latitude;
    @InvocableVariable
    public String longitude;
    @InvocableVariable
    public Integer length;
  }

  public class Output {
    @InvocableVariable
    public List<School> schools;
  }

  public class School {
    @InvocableVariable
    public String name;
```

```
    @InvocableVariable
    public String description;
    @InvocableVariable
    public String street;
    @InvocableVariable
    public String city;
    @InvocableVariable
    public String state;
    @InvocableVariable
    public String zip;
  }
}
```

Functions Amplifies Salesforce Experience

Extend Salesforce business logic to meet any demand

Complex Business Calculation

Loan Processing
Product License Keys
Contract billing
Demand Forecasting
Contract Profitability
Bill of Materials

Batch Processes

Daily Inventory Stocking
Consumer Goods Assortments
ERP calculations
Material Resource Planning

Resource Intensive-Back Office Automation

Document Generation
Mail Merge
Creating invoices
Payroll Processing
QR Codes
Case Routing

Key Beta Use Cases for Salesforce Functions

Customer identified use cases

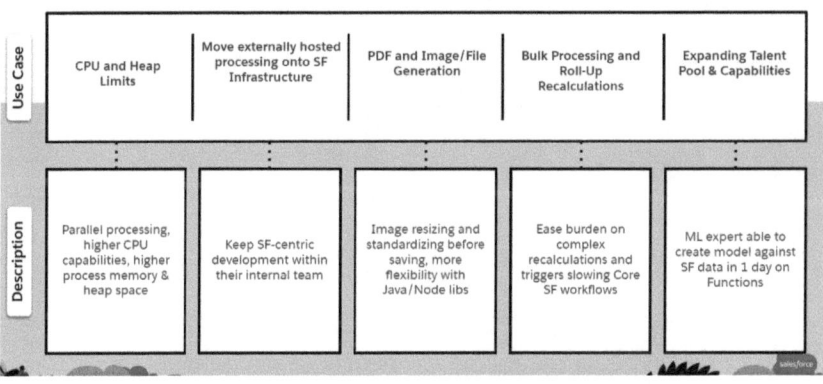

	Use Case				
	CPU and Heap Limits	Move externally hosted processing onto SF Infrastructure	PDF and Image/File Generation	Bulk Processing and Roll-Up Recalculations	Expanding Talent Pool & Capabilities
Description	Parallel processing, higher CPU capabilities, higher process memory & heap space	Keep SF-centric development within their internal team	Image resizing and standardizing before saving, more flexibility with Java/Node libs	Ease burden on complex recalculations and triggers slowing Core SF workflows	ML expert able to create model against SF data in 1 day on Functions

Processing and Improving Quality of Large Data Set
Now you can run ML logic on Platform

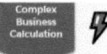

Complex Business Calculation

LISTEN	BUILD TRUST	PARTNER	SUCCEED
What was the challenge?	*What was the solution?*	*Why Salesforce?*	*What was the payoff?*
Duplicate records in Salesforce	Before Functions	Existing Salesforce Customer	Can Run complex logic using Salesforce data
Complex AI algorithms	To create more custom solution they would take data off platform	Assurance that data is secure	Empower Teams: use existing Talent without bringing Apex training
Logic cannot run in Apex	Limited customer intelligence model in Apex which couldn't bring AI concepts on platform	Simplicity of tools and solutions	Fully provisioned and secured platform
Need external programming tools and languages		Run AI model in Salesforce Functions	Developer with almost no prior Salesforce experience was able to learn what was needed and deploy their AI model in less than a day
Asynchronous Apex call		Trigger data de-deduplication from Apex	
Accessing data securely from other clouds		Speed to deliver solution on a trusted platform	
Einstein not appropriate			
Using external services and tools means you have to convince customers they can trust the security of the full solution			

Bulk Data Processing
Bringing high throughput and low Latency to Low code Platform

Batch Processes

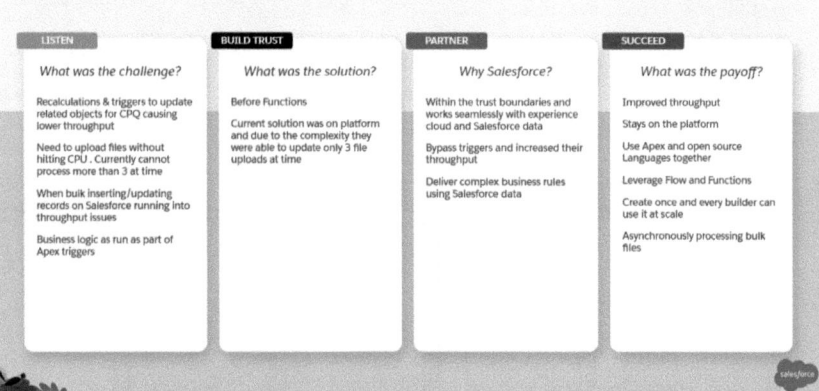

LISTEN	BUILD TRUST	PARTNER	SUCCEED
What was the challenge?	*What was the solution?*	*Why Salesforce?*	*What was the payoff?*
Recalculations & triggers to update related objects for CPQ causing lower throughput	Before Functions	Within the trust boundaries and works seamlessly with experience cloud and Salesforce data	Improved throughput
Need to upload files without hitting CPU . Currently cannot process more than 3 at time	Current solution was on platform and due to the complexity they were able to update only 3 file uploads at time	Bypass triggers and increased their throughput	Stays on the platform
When bulk inserting/updating records on Salesforce running into throughput issues		Deliver complex business rules using Salesforce data	Use Apex and open source Languages together
Business logic as run as part of Apex triggers			Leverage Flow and Functions
			Create once and every builder can use it at scale
			Asynchronously processing bulk files

Image and Document Processing at Scale
Complex processing at Scale in real-time

LISTEN	BUILD TRUST	PARTNER	SUCCEED
What was the challenge?	*What was the solution?*	*Why Salesforce?*	*What was the payoff?*
In Real time Large amount of data is coming on platform	Before Functions	Existing Salesforce Customer	Fast and timely to run compute logic using Salesforce data
Running into Platform limits around Apex CPU, Memory or Async	Customer tried this within Apex and hit Apex limits	What to leverage Salesforce data for targets campaigns	Fully provisioned and secured platform
Long wait to process the images/documents	Using Experience cloud to interact with customer	Speed to deliver solution on a trusted platform	Ability to use third party image processing libraries from Java, Node.Js ecosystem
Higher and slow response time to customer queries		Functions will do the Image/document resizing to improve Experience Cloud performance and heavy lift the image resizing/processing process.	Developer with almost no prior Salesforce experience was able to learn what was needed and deploy their AI model in less than a day
Unable to use existing Open Source libraries			

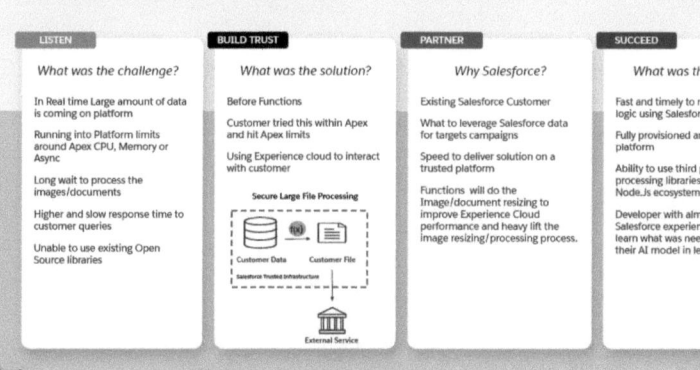

salesforce

Custom Logic Requires External Languages & Tools
Back-to-Platform - AWS to Functions

LISTEN	BUILD TRUST	PARTNER	SUCCEED
What was the challenge?	*What was the solution?*	*Why Salesforce?*	*What was the payoff?*
Logic cannot run in Apex	Before Functions	Existing Salesforce Customer	Lower maintenance burden due to single platform
Need external programming tools and languages	To create more custom solution they had already written code to run on a different cloud provider	Staying on-platform means one department can complete the work	Time savings using existing code
FaaS on another vendor means challenging cross-departmental projects in large international company	Developed custom libraries in open-source languages	Re-use custom libraries already in-hand	
	Overhead maintaining the project across departments brought them looking for simpler answers		

salesforce

Cross Cloud Integration
Sales & service Cloud with Einstein vision & core APIs

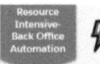

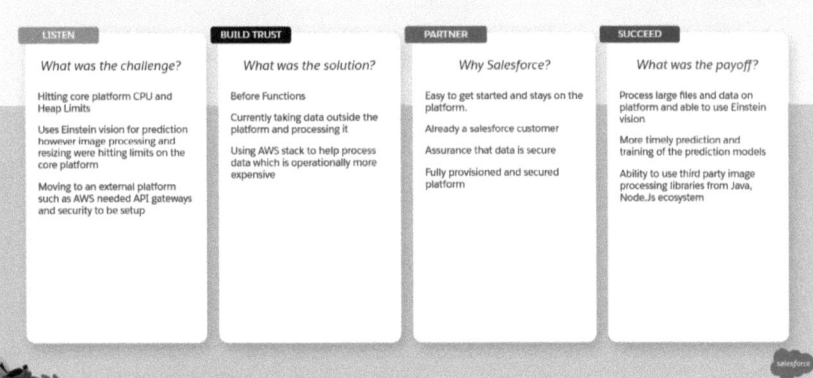

LISTEN	BUILD TRUST	PARTNER	SUCCEED
What was the challenge?	*What was the solution?*	*Why Salesforce?*	*What was the payoff?*
Hitting core platform CPU and Heap Limits	Before Functions	Easy to get started and stays on the platform.	Process large files and data on platform and able to use Einstein vision
Uses Einstein vision for prediction however image processing and resizing were hitting limits on the core platform	Currently taking data outside the platform and processing it	Already a salesforce customer	More timely prediction and training of the prediction models
Moving to an external platform such as AWS needed API gateways and security to be setup	Using AWS stack to help process data which is operationally more expensive	Assurance that data is secure	Ability to use third party image processing libraries from Java, Node.Js ecosystem
		Fully provisioned and secured platform	

How do I identify Functions opportunities?

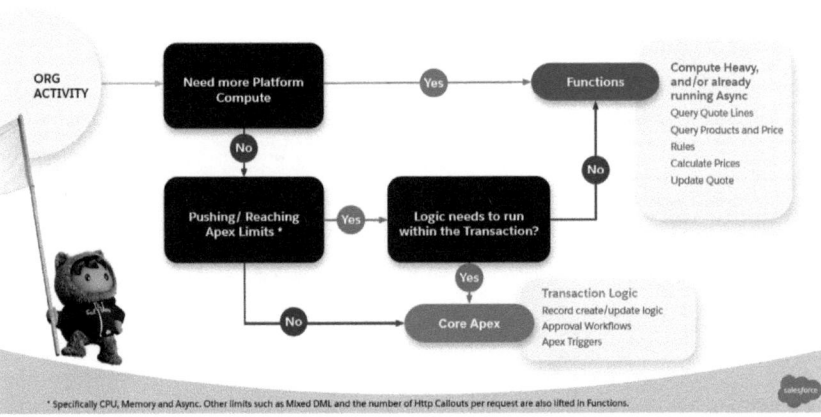

* Specifically CPU, Memory and Async. Other limits such as Mixed DML and the number of Http Callouts per request are also lifted in Functions.

Salesforce Functions Pricing Summary

Salesforce Elastic Services

$2,800
per org** per month

Includes
- 1M Invocations* / GB-sec month of Functions capacity / month
- Dedicated Functions environment
- Native, low-code integration
- Elastic Scale and Asynchronous Integration
- Data stay on platform
- Separate API limit bucket for function use

Salesforce Elastic Services - Additional Capacity

$63
per 1 Million GB-sec per month

Includes
- 1M Invocations* / GB-sec month of Functions capacity / month
- All benefits highlighted in the Starter pack
- Also more API bucket allowance

* 1 Invocation = 1 GB-sec. A function with a maximum memory usage of 1GB that runs for 1 sec.
** org = 1 production org per customer org, includes capacity for dev orgs, scratch orgs, and sandbox environments at no additional cost.
*** Overages (consuming more functions than purchased) is overage-billed using the Salesforce Sequoia framework. Customers receive monthly statement emails.
**** A simple capacity calculator is in the works.

BEI GRIN MACHT SICH IHR WISSEN BEZAHLT

- Wir veröffentlichen Ihre Hausarbeit, Bachelor- und Masterarbeit

- Ihr eigenes eBook und Buch - weltweit in allen wichtigen Shops

- Verdienen Sie an jedem Verkauf

Jetzt bei www.GRIN.com hochladen und kostenlos publizieren